虚拟体育产业发展应用研究

马元哲 著

吉林出版集团股份有限公司

图书在版编目（CIP）数据

虚拟体育产业发展应用研究 / 马元哲著 . -- 长春：吉林出版集团股份有限公司，2024.8. -- ISBN 978-7-5731-5819-2

Ⅰ . G812

中国国家版本馆 CIP 数据核字第 20242G0W52 号

虚拟体育产业发展应用研究
XUNI TIYU CHANYE FAZHAN YINGYONG YANJIU

著　　者	马元哲
责任编辑	聂福荣
封面设计	牧野春晖
开　　本	710mm×1000mm　1/16
字　　数	175 千
印　　张	12
版　　次	2025 年 1 月第 1 版
印　　次	2025 年 1 月第 1 次印刷

出版发行　吉林出版集团股份有限公司

电　　话　总编办：010-63109269
　　　　　　发行部：010-63109269

印　　刷　三河市悦鑫印务有限公司

ISBN 978-7-5731-5819-2　　　　　　　　　　　　定价：79.00 元
版权所有侵权必究

前言 PREFACE

随着信息技术的飞速发展，虚拟体育产业正以其独特的方式重塑着体育的未来。这一新兴领域，不仅拓宽了体育的边界，更在经济和社会效益上展现出了前所未有的潜力。体育产业，作为现代经济的重要组成部分，其发展不仅关系到经济的增长，更与社会的整体福祉紧密相连。虚拟体育产业的兴起，为体育产业的高质量发展提供了新的视角和动力，它通过规模的扩张、结构的优化、创新的驱动，为传统体育产业注入了新的活力，推动了体育消费的升级和体育文化的传播。

本书探讨了"互联网+"在体育产业发展中的应用模式，对电子竞技这一新兴领域进行了全面解析，包括其产业发展、价值呈现、产业链构成以及中国电竞发展的本土环境、问题、路径和趋势。最后，从区块链技术的角度出发，讨论了电竞产业运营模式的优化，并探讨了虚拟体育电子游戏中体育文化的重构及其潜在影响。本书旨在为体育产业的从业者、研究者和广大爱好者提供一个全面、系统的视角，以促进体育产业的创新与发展。

在撰写本书的过程中，我深感自己的知识和经验有限。尽管我尽力做到全面和深入，但难免会有疏漏和不足之处。我诚挚地希望读者能够提出宝贵的意见和建议，共同推动虚拟体育产业的健康发展。在此，我也对所有支持和帮助我完成这项工作的人表示衷心的感谢。

马元哲

2024 年 5 月

目录 CONTENTS

第一章 体育产业与"互联网+"的融合发展 ……………………………… 1
  第一节 "互联网+"体育产业概述 ……………………………… 1
  第二节 "互联网+"在体育产业发展中的应用 ………………… 6
  第三节 "互联网+"体育产业发展模式 ………………………… 18

第二章 电子竞技的解析 ……………………………………………… 30
  第一节 电子竞技的内涵与外延 ………………………………… 30
  第二节 电子竞技的产业发展 …………………………………… 41
  第三节 电子竞技产业的价值呈现 ……………………………… 48

第三章 电子竞技产业链分析 ………………………………………… 55
  第一节 电子竞技产业的核心 …………………………………… 55
  第二节 电子竞技产业的参与者 ………………………………… 70
  第三节 电子竞技产业的传播者 ………………………………… 80

第四章 电子竞技产业的发展 ………………………………………… 91
  第一节 中国电竞发展的本土环境 ……………………………… 91
  第二节 中国电竞发展问题及路径 ……………………………… 100

第三节　中国电竞发展的趋势特征 ·· 115

第五章　区块链视域下电竞产业运营模式优化 ························· 129
第一节　电竞产业运营模式概况 ·· 129
第二节　区块链下电竞产业运营模式优化的可行性与需求性 ········· 141
第三节　区块链下电竞产业运营模式优化体系的建立 ··················· 149

第六章　虚拟体育电子游戏中体育文化的重构 ························· 159
第一节　虚拟体育电子游戏中的体育文化 ···································· 159
第二节　虚拟体育电子游戏中体育文化重构的实现 ······················ 173

参考文献 ·· 185

第一章 体育产业与"互联网+"的融合发展

第一节 "互联网+"体育产业概述

一、传统体育产业业态的内涵与特征

"体育产业"一词,是市场经济下的专用名词,不同的学者专家对体育产业的定义也各有不同。在此,我们采用吴超林教授对体育产业的定义:为社会提供直接相互竞争的体育产品和服务的体育活动和部门。而体育产业业态就是这些体育活动组织和部门的提供商品类型、组织形式、经营模式、盈利模式、管理模式等。

在商品类型方面,传统体育产业提供的主要有两种:体育服务和体育用品,其中体育服务主要有赛事的组织服务、场馆的经营管理服务、体育教练服务、体育休闲的服务、赛事直播服务等。传统体育产业的服务类商品不仅种类稀少,服务主体与顾客之间的交流方式单一,对顾客了解比较片面,使得服务质量偏低。体育用品业主要是体育服装、体育鞋帽、体育器材等一些实物商品。物质类商品中科技含量低、通用性较大。

在组织形式方面,传统体育产业中主要有独资企业、合伙人企业和有限责任公司。独资企业和合伙人企业主要是指一些由个人出资或合伙人出资的体育商品制造的小作坊、小厂子,体育商品销售的个体户等。这些企业规模太小,效率偏低。而在传统的赛事组织和赛事转播领域又存在着明显的企业垄断现象。

在经营管理方面，传统的体育产业中缺乏合理的生产结构，大部分企业，产品的制作占据了公司最大最主要的一部分，忽视了产品的创新和研发，且这些公司的管理制度偏落后，公司员工采用合同制和绩效奖励的制度，使得员工也只是追求数量上的任务完成，忽略了制作过程中的创新，限制了员工能力发挥的积极性。最明显的传统产业经营管理模式的落后是他们的营销策略。体育企业大都在借鉴其他行业，采用其他行业通用的营销方式，营销效果一般，达不到理想的结果。

在盈利模式方面，传统体育的盈利模式比较单一，像"双星""安踏"等品牌不断从一线城市到二线再到三线、四线城市开设专卖店，扩大销售量。一些健身娱乐业也是采用规模盈利模式在不同的地区开设连锁店，像其他一些并不是很成熟的行业如体育培训业、体育经纪业、体育场馆管理业、体育组织业等，也都是采用效果不太明显的产品盈利或服务盈利模式。

二、"互联网＋"体育产业的内涵与分类

"互联网＋"是创新 2.0 时代下的一种新业态，是高速发展的信息技术运用到各个领域形成的新产业业态，是新一代政府的经济发展战略。互联网＋传统产业，顾名思义是将互联网与传统产业相结合，为传统产业提供发展工具、产生新的商品、改变原有产业的生产方式。互联网本身就是信息时代的新产物，是一个新的行业，是满足人们日常生活需求的工具性行业，为人们获取信息提供便利。对于"互联网＋"体育最直白的理解即通过互联网技术发展体育产业。将互联网技术视作发展体育产业的重要途径方法。改变了体育产业的商品类型、企业组织形式、企业的经营管理模式以及盈利模式。如通过互联网平台实现体育信息的共享，体育赛事的转播以及新的体育产品销售途径。或者说，"互联网＋体育"是将体育融入互联网内。将体育的物质产品、服务产品，生产商、销售商、消费者等所有资源都集中在互联网这一平台内。生产出新的

商品类型，组建新的组织形式和管理模式以及策划出新的盈利模式。

根据商品性质的不同，"互联网+"体育产业主要包括互联网赛事转播业、智能软硬件业、体育垂直电商业、电子竞技业等。中国最传统的赛事观赏途径是有线电视。在迅速发展的中国特色社会主义市场经济下，赛事转播也开始走向私营化、市场化。赛事转播权成为赛事组织的主要收入来源之一，且赛事直播转播给媒体带来的关注度也是巨大的，因此赛事转播权是体育市场上争夺最激烈的资源；智能软硬件是"互联网+体育"最直接的产物，也是"互联网+体育"产业内非常重要的一个行业。智能软件即方便运动爱好者的各种网站或手机APP等软件，这些软件可以为消费者提供方便运动的服务，如预约场地、提供社交群以及分享信息等；无论是在淘宝还是在京东都有运动这一大类，专业的运动类垂直电商是不同于这些综合电商的业态，没有京东那样的规模，但是却足够专业。他们只卖运动类商品，有的只是一项或两项运动项目的商品，不同的是借鉴O2O模式，更加注重实现顾客线下体验、线上购买的方便。电子竞技业并不是指网络游戏，或者说不只是网络游戏，而是一种有标准规则的对抗性竞技类运动，需要参与者通过不懈努力，团队协作，技战术运用最后赢得胜利。由于电子竞技业的高对抗性和趣味性，以及对于参与者自身运动能力的要求较低使得电子竞技成为不同年龄段人们的共同爱好。随着人们对其概念正确认识的改善和其固有的庞大群众基础，电子竞技业也必然会成为互联网体育产业的支柱行业之一。

三、"互联网+体育"的产业特征

（一）产品类型的人性化和智能化

作为服务性生活产业，体育产业的产品可概括为服务型产品和物质型产品。"互联网+体育"新业态产生的体育服务产品最大的特点就是个性化，响应了"以人为本"的国家发展战略，也符合服务性行业可持续发展的本质选择。互联网带来的信息搜集与共享的便利性，可以使商家或服务者全面了解消费者的个体情况，如运用了互联网技术的新型健身房，可以记录顾客自成为会员以来的健身经历、每一次健身后身体机能的变化以及消费者最初做的健康体适能检测数据，并会一直跟随着会员，显示在会员自己的系统内，可以生成针对性、个性化的运动处方，方便服务者科学合理地指导消费者健身。信息技术发展创造的新型赛事直播、服务性软件以及社交软件，类型越来越丰富，功能越来越齐全，但是每一款都在追求与众不同的过程产生了一定差异性，这些产品不仅满足了人们欣赏、社交、娱乐的需求，大家还可以根据自身特点选择喜欢的软件，在软件内设置自己的关注点和个性空间，符合了新时代下消费者追求个性化发展的时代特点。

物质产品的智能化是互联网对体育产品的另一杰作。智能化的产品是消费者追求运动质量的必然产物，也是互联网技术给体育运动带来的最大福利。新型的智能体育器材装备可以根据消费者不同的体态特征设置符合其自身运动特点的运动情景，记录每次运动的身体机能数据，这些智能化产品不仅可以保证消费者运动时的安全性，还可以提高运动水平和健身效果。

（二）企业组织形式的多元化

"互联网＋体育"新业态的体育企业中，主要还是存在独资企业、合伙制企业和公司制企业。只不过，相对于传统产业而言，股份制企业的比例有了很明显的增长，上市的体育公司数量逐渐增加。互联网技术可以实现企业对各项生产要素的整合，同时可以实现对不同地区大范围内的职工管理，因此"互联网＋"环境下新生的体育企业，在成立之初或转变之始，都存在着大规模经营的想法。出于对规模经济的追求，很多企业转变自身的组织形式，申请注册成为公司制企业，在经营水平和资产值达到一定程度之后，申请上市融资；还有一些新兴的体育创业公司，在成立之初就是股份制有限公司，致力于多方融资。

互联网新型体育企业一般都是高新技术产业，其在产品研究与创新过程中投入的人力、技术和资本成本都是巨大的，仅靠国内的资本融资是无法实现公司发展的，在与发达国家的学习交流及合作中，同时产生各种不同新型的组织形式，如上市公司、中外合资企业等。中国体育产业企业的发展呈现组织多样化形式。很多体育创业项目纷纷得到天使投资，甚至获得了A轮、B轮投资。

（三）企业经营管理模式的创新性

"互联网+"体育环境下，不仅产品类型和组织形式有了个性化和多元化的创新，其企业内部的经营管理模式也在各个方面都有了创新。创新主要在"新"，是指企业在经营思想、方针、计划、人才和产品管理、企业营销和市场开发等方面都有了史无前例的转变和进步。

首先，现在体育企业的经营思想和方针有了很大的转变，现在体育企业不只是追求产品数量的增加，而更加重视科研的投入和产品的创新，把企业的重点放在研发新产品上，提高产品的知识科技含量，追求质量价值。由以利益为本，转向以人为本，在设计产品和生产计划时，从消费者需求出发，开发符合消费者追求的产品。其次，公司管理规章制度的创新，转变了内部人才管理的方式方法。如合作人制，每个个体都是总公司的合伙人，实行盈利分成；还有一种内部员工持股的管理模式，年底员工盈利分红。这些管理制度的实行，极大地激发了员工的工作潜力和创造价值的积极性。互联网对企业营销和市场开发的影响是最不容忽视的，一方面互联网为企业提供了营销平台，另一方面为市场开发和了解消费者需求，针对性营销策略提供了信息来源途径以及推销平台。

第二节 "互联网+"在体育产业发展中的应用

一、"互联网+"在竞技体育发展中的应用

"互联网+竞技体育"是互联网技术在体育行业中应用的重要表现。例如，在帆船国际系列赛青岛站比赛中，通过运用互联网技术，丹麦队以后来居上的姿态在比赛中后发制人，并在本场比赛中获取优异的成绩。"互联网+"在体育赛事中的应用使其成为竞技体育比赛中的决胜因素之一，对提升体育竞赛成绩具有积极影响。在"互联网+"的作用下，竞技体育在竞赛过程中所使用的战略技术水平不断提升，实现了对战略方针的优化与整合。在竞赛过程中，通过利用互联网技术搜集地理位置的相关信息，及时了解每一条参赛帆船的航线信息，并对这些信息进行及时记录与规整，准确了解帆船行驶情况，在短时间内对这些信息进行分析与处理，汇总出具有权威性、可靠性、真实性的数据，使参赛选手能够对整个比赛有一个全面、整体的把握，及时调整战略战术，提升比赛成绩。在帆船国际系列赛青岛站比赛中有大型公司为每支参赛队伍提供所需的数据信息，为参赛选手对各项参赛信息进行分析与总结提供了可靠的理论依据。

当然，互联网技术不仅能够被运用到帆船比赛中，还能够被运用到其他体育产业竞赛活动中。例如，将互联网技术运用到乒乓球比赛活动中，可根据乒乓球比赛的实际情况，构建与之相适应的乒乓球比赛诊断模型，借助人工神经网络所具备的自学习功能，对乒乓球比赛中乒乓球的各种运动轨迹进行记录与分析，并对其进行模拟，为乒乓球运动员的比赛与训练给予极大的帮助。在面对众多优秀选手的表现时，可利用现代化信息技术对每一位球员在比赛或者是

运动过程中的行为意识进行分析，了解球员技术的应用价值，深入挖掘球员在比赛中所存在的问题，并为其提供可靠的指导方案，保证训练内容的针对性与目的性，实现因材施教，避免球员在训练过程中走弯路。乒乓球作为我国社会的一项具有大众性、普遍性的体育项目，一度被称为"国球"。在"互联网+"的作用下，我国乒乓球协会计划研发一整套具有系统性、完整性的训练与比赛一体化的辅助系统，该系统融运动健将申请、信息查询、办公管理、地方协会、俱乐部管理等多个子系统为一体，在互联网平台搭建乒乓球服务平台，为该平台的会员提供线上支付通道、支付平台、电子商务、完善资料、历史战绩记录等服务，为会员提供多项增值服务，将我国乒乓球行业推向一个更高的发展水平。

在乒乓球比赛与训练过程中，乒乓球教练需要通过训练与比赛获取本队球员以及对手球员的训练信息和比赛信息，并对每一位球员在比赛过程中或者训练过程中的表现进行系统、全面的分析，对队员在比赛场上的表现作出科学评价，为后期训练计划与战略计划的规划与设计提供参考。人脑的记忆能力、分析能力十分有限，通过利用现代化信息技术能够将球员在训练或者比赛中的各种信息完整、全面、整体地记录下来，并对每一位球员的表现进行系统分析；这种记录与分析功能是人脑完全不能比拟的，且准确率很高，能够将比赛中的有用信息及时地提取出来，为教练的后期教学提供极大的便利。从体育比赛视角来看，数据挖掘技术是信息技术的重要衍生物，不仅能够将各项比赛信息完整地保存下来，还能够对各项信息进行提炼与整合，为比赛战术有效性提供重要数据。现如今，互联网信息技术在乒乓球比赛中的应用尚且处于尝试阶段，在今后的发展与建设中我们应提高对"互联网+"研究工作的重视，使互联网技术能够在乒乓球比赛中发挥出其应有的应用价值，为我国乒乓球行业的发展带来更巨大的推动力。实践证明，"互联网+"技术比传统技术更具针对性，能够有效提升运动员的竞技水平，为赢得比赛带来巨大动力。

互联网信息技术下所延伸出来的数据分析技术与信息挖掘技术在竞技体育比赛中的应用比比皆是，无论是我国国内比赛还是国外比赛，均存在对这些技术的应用与推广。例如，意大利AC米兰球队在数据分析技术与信息挖掘技术在实践应用中较为成功，该球队不仅利用电子计算机技术、互联网通信技术成立专业的数据分析与信息挖掘实验室，还借助该实验室的各项技术与功能对球队的日常训练进行准确记录，对这些数据进行分析；针对每一位球员制订具有私人性、专属性的训练计划，并对球员在训练、比赛过程中所存在的风险进行预期评估，尽最大努力将训练或者比赛中的不利因素降至最低，保护并提升球员的价值创造。多年前，该实验室通过对球队球员各项运动信息进行操作，使意大利国家足球队问鼎当年的世界杯冠军。

在体育赛制中，将互联网技术运用其中，构建"互联网+技术手段"结构，利用互联网信息技术对比赛中的各种赛况、战略技术进行分析与调整，有效提升参赛选手在比赛中的竞争力与发展力。"互联网+挖掘技术"的形成与构建，不仅能够对运动员的个人表现情况进行记录与分析，还能够利用该技术及时发现对方选手在比赛中所存在的弱点，并结合自身实践技能，从中寻找适合自己比赛的实践技能与战略方案，切实保证战略战术的针对性、科学性与可行性。例如，我国男子"三大球"项目长期处于低迷状态，在传统训练中，需要将先进国家的实践经验作为着手点，强化技能与方法训练，从而形成"训练理念的革命"。在"互联网+"的背景下，通过将先进的科学技术运用到我国男子"三大球"项目训练活动中，借助互联网技术的搜索功能、挖掘功能、分析功能与处理功能等，实现对男子"三大球"比赛信息与训练信息的智能分析与科学处理，不断提升我国球类项目的实践训练水平，实现对日常训练信息的全程记录，及时了解运动员在训练过程中的技能应用情况与心理状态，并对其做好相应的技术引导与技术指导工作。

在竞技体育比赛中，影响运动员竞技能力表现的因素有很多，而在众多影响因素中体能训练是根本因素之一，此项影响因素在预防伤病方面表现尤为突出。竞技体育不仅对运动员的专业水平有着较高的要求，还对运动员的心理素质等多种内在因素有着较高的要求。运动员在整个比赛过程中，不仅需要将专业技能发挥到最佳水平，还需要拥有良好的战术技能。在比赛过程中，若运动员能够合理运用战略技术，就能够在比赛中突破自我、超越极限，成为赛场上的一匹黑马。运动员在比赛场上瞬间的爆发力、体能及战术的综合表现是体育竞赛的魅力所在。在"互联网+"的作用下，通过运用计算机信息技术、移动互联网技术、现代多媒体技术等将比赛过程的实际赛况进行回放，认真观察运动员在赛场上的每一个动作，并对运动员在赛场上的各种表现进行认知分析，了解运动员的技能水平。例如，"跳远"这一体育运动有一整套的动作，无论是开始的助跑，还是后期的落地，均发生在短暂的几秒钟时间内，这个时间内的动作仅凭人的眼睛是无法对其进行仔细剖析的。而通过利用互联网相关技术，可以对跳远运动的各个关键点信息进行获取，对运动员整个跳远动作进行完整记录，并将运动员在跳远过程中的关键点突出地标记出来，做好技术动作捕捉与分析工作。现如今，信息技术被广泛运用到体育产业发展领域，竞技体育作为体育产业的重要分支，其在竞技体育中的应用加大了对竞技体育技术的研究力度，实现了对运动员在比赛场上的各种动作进行全面记录与深度剖析，这种技术是原有竞技体育无法比拟的。技术工作人员利用摄像头对每一位运动员的每一个动作进行完整记录，借助视频捕捉卡将已记录的信息传送到计算机系统，并将所需的数据信息准确无误地提取出来，为研究人员对运动员各个阶段的研究工作提供可靠、真实的信息，优化训练计划、完善技术指标、规范素质指标、明确心理状态、透明比赛成绩。

二、"互联网+"在商业体育发展中的应用

现如今，网络体育视频倍受人们的欢迎，极大程度上取代了传统的体育视

频播放模式。就网络体育视频播放时间而言，网络体育视频主要有两种播放形式：一种是延时体育视频报道，另一种是体育直播视频。为此，本节将以拥有庞大用户群的门户网站和 P2P 播放平台的体育直播节目作为研究重点，探讨"互联网+"在商业体育发展中的实际应用。新浪和腾讯是我国拥有庞大用户群体的门户网站和 P2P 播放平台，是门户网站体育直播节目中的典型代表，无论是最开始以图文直播为主的直播形式，还是发展到以视频为主的直播形式，均实现了对信息的快速传播与推广。随着我国社会现代化水平的日益提升，自智能手机问世以来，手机体育直播平台成为"互联网+"在商业体育发展的重要推动力，这种融无线网络通信技术与互联网技术为一体的移动通信设备备受广大社会群体的青睐。

通过利用现代化多媒体技术对体育运动进行直播，实现对体育运动的直接记录与推广，这种记录模式与推广模式具有跨时间性与跨空间性，有效打破了体育运动在传播时间、传播空间上的束缚，为体育运动打造全新的发展空间与发展平台，不断扩大受众群体，为体育产业的发展带来无限动力。体育直播节目拥有广大的受众，是门户网站以及 P2P 直播平台的重要竞争领域。在现代化信息技术的作用下，网络直播节目的开展赋予体育节目多种功能，全面提升体育产业在社会发展中的竞争力与影响力，在未来的发展中体育直播节目将会朝着互动性、精准化、个性化的方向发展，有效迎合社会群体的个性需求，为广大消费群体提供更优质的服务。在现代化科学技术的作用下，体育技术、体育产品服务、体育品牌形式等多种资源均得到全面的整合与优化，使体育产业具有发展性，全面提升体育产业在市场上发展的竞争力。

在"互联网+"的作用下，我国社会正式进入大数据时代，这一发展背景同以往的小数据环境拥有诸多的不同之处，而大数据时代与小数据环境之间的差异正是互联网技术作用的直接结果。小数据对信息无法整体把握、全面分析，具有较强的局限性；大数据具有较强的开放性与广泛性，能够实现对整个赛事信息的全程记录，全面剖析影响体育赛事的根本因素，其与以往小数据的根本不同之处在于，对信息是整体把握和分析，而不是局部关注。在这个大环境下，整个赛程数据都将被记录下来，其分析结果会对体育赛事产生根本性的影响和指导，将来的应用前景也会越来越广泛。除此之外，在"互联网+"的作用下，体育赛事的信息量不断扩大，为体育赛事分析提供了极大的帮助，确保了体育赛事评论的精确性与全面性。"互联网+"关注的是探究结果之间的相关联系，并非某个时间的形成背景，从而为后期决策提供有力帮助。例如，在世界杯比赛中，将互联网技术运用其中，能够对观赛人数与投入产出量进行精确统计，并对两者之间的关系进行合理分析，从中了解到观赛人数同投入产出量之间呈正相关关系，并对该数据信息的未来发展走向进行合理预测，为赛前赛后的各项活动提供数据支持。在"互联网+"的作用下，利用互联网技术对产品价格、产品种类、分销情况、促销成果等内容进行科学分析、合理整合，制订出恰当的分配方案，使体育赛事营销活动能够顺利开展。从体育赛事营销成果来看，电视版权、特许商品、赛事赞助、门票等均属于体育赛事营销的范畴，这些产业产品均属于体育产业的衍生物，具有一定的生产价值与经济利益。

以中国网球公开赛为例，在"互联网+"席卷全球的背景下，主办方应不断提升自身发展的核心竞争力及在市场发展中的盈利能力，在互联网技术的作用下构建"互联网+"营销模式，尽最大努力提升品牌在社会上的知名度，进而达到第五大网球赛事的目标。中国网球公开赛通过运用互联网技术，从多角度出发对赛事项目进行设置，使赛事项目具有全面性与综合性，进而使中网能够紧追国际四大网球公开赛的发展步伐，成为除国际四大网球公开赛以外设置最为齐备的一项综合性网球赛事。从网球事业在我国社会中的发展情况来看，20世纪初期我国网球事业长期处于亏损阶段，自2008年以后，我国网球事业才逐步走向复苏，近年来我国网球事业趋于稳定发展局面，并在业绩上有明显起色。

　　在"互联网+"时代发展的背景下，通过将互联网技术运用到体育产业营销活动中，能够有效提升体育产业营销活动的精确性与科学性，充分利用视频节目在现代化市场上发展的应用优势，有效扩大用户群体，提升视频信息在国际上的知名度与认可度。在移动互联网技术的作用下，我国体育产业的营销活动正逐步朝着移动化、网络化的方向发展。智能手机等移动终端设备的产生，为体育产业网络化发展带来极大的便利。网络体育视频直播作为"互联网+"在我国体育产业发展中的衍生物，通过借助互联网技术将体育信息转载到网络平台，实现对体育信息的记录、分类与规整，为后期体育产业其他的各项活动提供诸多便利。利用互联网技术对体育信息进行归纳与整合，不仅能够按照特定的群体特征对其进行分类，还能够将与之相关的节目内容进行推送，备受广大受众群体的欢迎。互联网平台能够自动筛选网络平台的各种信息，根据用户日常浏览记录，向用户提供一些与之相关的内容；根据用户年龄特征及性别特征，为其推送此类群体喜爱的信息。例如，当用户在网络平台上搜索"羽毛球的运动技巧"时，互联网不仅将"羽毛球的运动技巧"的相关信息提取出来，同时将羽毛球的发展史、比赛等相关信息推送给用户；若用户属于女性群体，互联网平台会为其推送一系列当下热播好剧、娱乐新闻等节目。

　　随着社会的不断发展，广告行业日益突出，成为当代社会发展的新宠儿。在"互联网+"的作用下，将广告植入体育赛事中，扩大在市场中的宣传力度，提升广告在市场中的公众形象。通过对专业数据库中的各项信息进行分析与探讨得知，在未来的发展进程中，平台可以利用互联网技术对体育广告进行处理，将体育信息与广告信息巧妙地结合到一起，并在互联网信息技术的作用下，对广告在直播赛事中的投放时间进行合理控制；深入挖掘广大受众在体育赛事直播中的各项需求，实现对用户群体的准确定位，并以此为发展契机吸引广告投资商的加入，不断扩大在市场发展中所占据的份额，达到预期宣传的目的。在市场发展中谋求更高的利润空间，使互联网行业能够与体育产业紧密地结合到一起，不断对整个体育行业的发展概况进行完善与整合，进而达到互利共赢的目的。

在政府部门宏观调控作用下，广大社会资本被陆续引入体育发展领域，进一步激发体育产业在市场发展中的潜能。通过对互联网技术在体育产业中的应用价值进行分析，我们能够发现互联网技术在体育产业中的应用能够对受众群体进行更精确、更细致的定位，使企业能够在整个市场发展进程中正确把握企业的发展方向，做好市场投融资工作，加快企业运营资金的周转速率，全面提升企业在体育产业投资中的积极性与主动性，进而加快体育产业的发展与转型。

在新时期发展的背景下，互联网技术被广泛应用到社会发展的各个领域，并为人们的日常生活带来极大的便利，全面推动社会的发展与进步，最大程度地满足人们的各项物质需求与精神需求。在互联网技术的作用下，我国体育产业迎来了发展的春天，一系列与"互联网+"有关的体育产业相继衍生出来，为我国体育产业的发展带来极大的推动力。

三、"互联网+"在群众体育发展中的应用

在新时期发展的背景下，我国城市化发展进程日益加快，人们进行体育锻炼的意识日益提升，对室外可穿戴运动器材的需求量飞速上涨。现如今，可穿戴运动器材在商业活动中的发展势头异常凶猛，各大体育企业纷纷参与到争抢可穿戴运动器材的发展势头中。因我国广大社会公民对健身活动的关注度越来越高，在全国范围内已掀起一股健身热潮，家用健身可穿戴设备在这场健身热潮中备受追捧，原本传统渠道在全民健身中的作用日益下降。在"互联网+"的背景下，广大体育生产商为了扩大在市场范围内营销额度，纷纷与淘宝、天猫、京东、苏宁易购等互联网企业进行合作，实现跨领域的合作与交流，在互联网技术的作用下对可穿戴器材进行销售与推广。

例如，苹果公司所生产的Apple Watch，这款商品在2014年还未正式上线的时候，《时代》杂志就对其作出一系列的评价，将其称为"25项最佳发明之一"和"重新定义的'智能'手表"，在较短时间内备受广大开发商、消费者的关注，并将该产品与其他同类产品进行对比分析，将该产品所独有的运动记录功能凸显出来。Apple Watch是一款专注健康与健身的电子设备，能够对用户健步、跑步、爬楼梯、骑车等运动信息进行准确记录，并对运动方式作出准确、科学的分类，分别从卡路里消耗、站立、运动时长这三个维度出发，对用户的运动信息作出客观、真实、具体的评价。

Apple Watch设备之所以能够对用户的各项运动信息作出准确的分析与判断，是源于该设备借助GPS（Global Positioning System）、Wi-Fi（Wireless Fidelity）、心率感应器以及加速计对用户的运动速度、运动距离、卡路里燃烧量、运动量、运动心率进行测量与计算，根据用户运动的实际情况，对其制订出一份具有科学性、可行性的健身计划。另外，室内健身房不仅能够为用户提供一个安全、舒适、温馨的健身场所，还能够为用户提供具有科学性、健康性的服务。

在"互联网+"技术的作用下，Apple Watch设备能够以所采集的数据信息为基础，根据用户年龄、身高、体重、体能等情况，建立与之相适应的运动健身模型，为客户提供一套具有针对性、合理性的健身建议。除此之外，运动健身模型还能够将各项身体数据指标作为人体状况分析的理论依据，及时发现用户身体所存在的问题，为健康理疗工作与疾病预防工作制定出与之相适应的防范措施。

四、"互联网+"在全民体质监测中的应用

现如今，我国体育产业正处于蓬勃发展阶段，进一步提升了我国社会发展的综合实力，全面推动我国现代化社会的可持续发展。自改革开放政策实施以

来，我国长期坚持"人才强国"战略与"科教兴国"战略，将人的发展与科技的发展放在社会主义现代化建设的首要地位。体育产业作为民族繁荣、国家复兴的重要内容，在我国社会发展进程中占据重要地位。随着我国的综合国力不断提升，我国体育事业也随之发展起来，在世界体育产业中崭露头角，为提升我国社会在国际社会中的地位做出重要贡献。

"每天坚持锻炼1小时，健康生活50年"这一口号响彻我国社会的各个角落，成为我国社会群体十分熟悉的一句话。无论是广场街道上的广场舞、健步走，还是健身房中的各项体育锻炼，均成为人们日常生活中不可或缺的元素，备受广大社会群体的喜爱。

互联网技术充斥着社会发展的每一个角落，各行业均有互联网技术应用的身影，人们对网络的依赖性越来越高，在人们的生产生活中形成一种"病态"的发展模式。互联网技术能够为人们的衣食住行带来极大的便利，解决人们日常生活中各种各样的问题。在网络社会发展的背景下，人们足不出户就能够晓得天下事，在潜移默化中患上了"足不出户"的病症。

无论是人类社会发展的任何时期，身体均是革命发展的本钱，运动成为维持身体健康的重要方式。通过运动能够增强体质，开展全民运动能够达到强国益民的效果，全面推动体育事业的发展，将为中华民族伟大复兴带来无限动力。我国政府部门对广大国民健康状况十分重视，从多渠道、多手段入手，通过多种途径提升国民体质，为我国社会的可持续发展提供人力资源基础。

将"互联网+"与我国体育产业结合到一起，利用互联网技术对区域体育产业的发展给予极大的帮助，全面做好体育产业资源的配置工作，深入挖掘体育产业在市场发展中的内在潜能，不断提升地区运动成绩，实现对传统体育产业的优化与整合。互联网技术是一种新兴产业技术，在数据统计与分析上具有较高的应用优势，是传统统计方法无法比拟的一种技术。从实践应用视角来看，传统统计方法仅能够直观地对数据信息的大小进行比较，仅有小部分技术人员理解数据结果所代表的意义与价值。在整个数据信息中,单纯地对数值进行横向比较,无法对数据库信息进行纵向分析,缺乏对信息的挖掘与牵引。在数据高速更新、换代的背景下,"互联网+统计"具有较高的应用优势,运用不同概念对数据信息进行分析与解读,可以了解数据信息的深层内涵。在"互联网+统计"的基础上,互联网技术能够对存在的各项问题进行剖析与解答,对后期发展提出一系列指导性建议。因此,相关部门可将"互联网+"运用到运动员生长发育信息的采集活动中,通过借助互联网技术采集运动员的各项生命提升信息,并对各项信息数据进行分析与整理,从中寻找运动员身体的各项公众特点,为运动员训练选材活动提供有力的数字化支持。如《关联规则挖掘技术在体质指标分析中的应用研究》将《中国体育事业统计年鉴》中所记录的各项数据实施全面、完整、系统的统计,并构建与之相适宜的数据模型,将世界级优秀选手视为此次研究活动的研究对象,将国家运动员、运动匹配经费、运动教练等内容作为研究活动中的变量,从中探讨运动员、经费、教练等变量之间的关系,为提升运动员的成绩提供有力的支持。

五、"互联网+"在体育产业中的应用趋势

随着"互联网+"发展理念的日益深化,其在我国社会发展进程中的影响力逐步加大,体育界的市场宣传与推广、赛事安排与组织等活动纷纷引进互联网技术与大数据技术,构建"互联网+大数据+体育"发展结构,为我国体育产业的发展打造全新的发展空间与构建平台。通过将"互联网+大数据"运用到各种对抗性比赛活动中,教练能够准确、全面地了解运动员在比赛开始之前的心理状态、身体情况以及比赛环境的具体情况与对方选手技能特点,不仅为竞技比赛提供有力的辅助信息,而且为教练对运动员开展指导工作提供可靠的理论依据,确保比赛技能更具科学性与合理性,为运动员赢得比赛的胜利提供极大的助力。

通过将互联网与技术结合到一起,实现对传统体育技术的革新与拓展。近年来,不少体育研究人员纷纷投入"互联网+技术"的各项研究活动中,以运动员现有技能为基础,以体育运动理论为指导,不断对体育技能理论进行延伸与拓展,全面提升"互联网+工具研发"的使用性与丰富度,有针对性地对运动员进行指导,做好对运动员身体能力的加强性训练,有效弥补了体育技能培训过程中所存在的不足。

随着社会的不断发展,"互联网+体育运动"在商业领域中的应用价值日益凸显。从宏观发展视角来看,通过将"互联网+"理念运用到体育产业发展进程中,实现互联网行业与体育行业的跨领域融合。因此,在今后的发展进程中,我国社会依然需要全面做好体育行业的发展工作。从微观发展视角来看,互联网技术能够对体育受众观看体育赛事的购票信息与验票信息进行分析,同时对比赛现场信息进行动态追踪,不仅了解运动员在比赛过程中的制胜因素,而且对其提供天气预测服务,在"互联网+"的作用下,逐步形成以体育产业为中心的商业发展模式。

"互联网+体育运动"对我国体育人才培养工作给予了极大的帮助。通过将互联网技术运用到体育运动中,可将互联网技术作为研究工具,将各项比赛数据作为研究对象,对运动员身体数据、经济技术指标等内容进行分析,了解媒体传播对体育受众的影响,并为体育产业在未来社会的发展做出科学指导。

相关数据显示,"互联网+体育运动"能够充分调动体育用户的参与积极性与主动性,有效提升体育赛事的收视率,激发体育用户的赛事消费热情。通过利用便携式穿戴器械、手机APP等数据记录工具对自身运动数据进行记录与分析,不仅可以为体育用户提供科学合理的运动计划,而且可以全面提升体育用户以及体育组织的参与度,最大限度地满足体育培训活动的各项需求。

在开放数据的背景下,世界各国纷纷参与其中,共同签署相关文件,对

"互联网+"在世界范围内的应用与推广给予极大的支持,同时可以加快信息融合,为世界经济全球化、文化多元化的发展带来无限助力。"互联网+"理念在我国社会发展领域的推广,对我国迈向信息化时代给予极大的帮助。为保证我国社会主义现代化进程能够顺利开展,需要我国全面提高对"互联网+"的重视,不断向国外先进国家看齐,积极主动借鉴国外在"互联网+"推广与发展中的应用经验,同时结合我国社会的实际发展国情,从短期发展目标着手,逐步做好长期市场规划,为我国社会各个领域的发展奠定基础。

第三节 "互联网+"体育产业发展模式

一、体育产业结构"高+新"优化模式

(一)优化产业链定位产业链高端

随着社会化分工的细化,单独的一家企业不再承包一个产品生产销售的全部过程,而是不同企业分别承担商品从开发到生产再到销售以及售后的不同业务,精细化各自业务,实现了高效率的市场化分工。尤其是"互联网+体育"相关的交易商品,都是由多种科技智能生产、多种高端服务形态组成的商品。商品价值的最终实现,离不开产业链上各关节点企业的协作。"互联网+体育"企业内部和企业之间不同的联系方式,形成了独特"互联网+体育"产业链。调整产业链结构与布局,是优化"互联网+体育"产业结构、提高组织效率的最佳办法。

"互联网+"体育产业的发展关键在于:通过通信技术的整合作用,利用网络平台的共享性,实现体育资源的高效利用,打破传统体育事业的市场垄断现象,实现体育福利效用增加。同时,通过促进企业间的公平竞争,促进产业

链内各要素环节专业化、高效化的分工与协作。企业的合并、公转私、业务的分解等简单的产业规模变化并不是真正意义的产业链优化，优化产业链需要通过技术融合、市场整合等多个层次相互渗透，布局产业链上各个关节点，形成协调、全面的"互联网+"体育产业链。单向的产业链已经不能满足"互联网+"体育市场的发展需求，通过产业链整合构建"互联网+"体育网络状产业链是体育产业结构优化的必然选择，网络状产业链不仅可以实现各企业之间的高效合作，而且可以节约各企业在市场交易过程中的较高费用。通过资源共享，提高资源的重复利用率，深度开发资源的价值，减少重复资本投入，提高生产效率。与传统产业链相比，"互联网+"环境下的体育产业新业态相互之间的依赖性很高，不存在完全独立的企业，模块化分解的难度大，费用高，而网络状产业链能够节省这些费用，并且使得系统价值达到最大。

产业链中不同位置的企业，所能创造的价值是不同的。在产业链构建过程中，不同企业的重要性也不尽相同。我们需要优先发展核心产业，用核心产业带动产业链内其他相关产业的发展。根据传统制造业的微笑曲线理论，占据微笑曲线两侧，掌控技术、专利和品牌服务及营销等需要高新理论知识和前沿科学技术的企业获取高额利润；反之，以加工和制造为主的简单劳动力就能完成低技术含量的公司则处于获利低位。也就是说，在体育产业领域，能掌控最新组织方法、智能技术、赛事版权、专利等高知识含量生产要素的企业能够获得高额利润。在产业发展过程中必须时刻明确这些核心业务的中心作用，优先发展并发挥其带动效应。

中国有着巨大的消费群体，但是现在的"互联网+体育"产业的价值创造却依然很低，最大的问题就是我们一直处于产业链获利低位的产品制造等底端。在经济全球化时代，借助产业分工国际化的时机，我们应该加大投入重点发展产业链高端的企业。比如高端赛事组织、电子竞技的游戏创作、智能产品设计等，加大对知识等高级生产要素的投入与控制，将部分体育装备制造业等低端企业转移到其他地区。

（二）利用科技创新促进体育深度融合发展

由于技术的发展使得各种行业领域的边界模糊，人们需求的多元化使得不同行业之间相互渗透，这些本不相关联的产业通过消费需求的驱动和科技发展的助力形成一些新的产业，这个过程被称为产业融合。"互联网＋体育"是传统体育产业与互联网逐渐融合产生的一个新型体育产业业态，是体育产业通过大数据平台、云计算等互联网科技对原产业业态在产品形态、组织管理、市场范围等方面实现的创新。因此我们又称之为"产业融合创新"。这种创新的实质在于实现了相关体育企业生产效率和产品质量的提高，使得体育产业在市场竞争中得以更好地生存和发展。

互联网技术给体育产业带来的技术创新并不能称之为新融合产业的形成。技术只是产业融合的必要手段和初步环节，经过管理和组织融合这一必要过程，获得新的市场和新的增长潜力，从而形成一种扩张性的产业创新才能成为真正的产业融合。从现在的产业现状看来，我国的"互联网＋体育"还不能称之为一个有效的新融合产业，没有实现完全真正的融合。互联网给体育产业带来了生产与服务途径的技术改革，也创造了健身软件、智能装备、互联网转播平台等一系列新产品。但组织管理方面的融合创新没有及时跟上，使得相关产业的融合还没有形成一个新的完善的市场体系和持续的增长潜力。技术上的进步与先进性并不代表着体育与互联网的产业融合成功。市场融合是判断产业融合的最终目标，因为只有市场融合才是"互联网＋体育"得以生存下去的基础。

实现体育与互联网的深度融合。第一，我们要从需求出发，利用需求增长实现"互联网＋体育"的融合产业长期发展。像健身软件等新体育产品形态，我们都承认他们科技先进性和实现健身途径的便民性。但对于该产品的消费需求我们却不能确认，或者说因为这一消费需求的不足使得新产品带来的市场盈利效果不是很理想。"互联网＋体育"的发展必须依靠持续性的市场需求，这要求我们在生产和推广新一代"互联网+体育"产品时，必须充分调查了解人们的消费需求量，推出适应市场需求的新产品。第二，促进组织与管理的融合。互联网与体育产业的融合，不仅产生了新的产品，也拓宽了市场范围，改变了很多企业之间的关联关系，随之出现了很多企业与组织之间的利益分配冲突。这些问题都是与产业的组织与管理息息相关的。如"互联网转播"的市场化运作，不仅考验球队与主办方的利益分配，而且增加了传统电视与互联网之间的利益冲突。解决这一系列问题仅仅依靠体育产业的组织管理方法是行不通的，完全依靠互联网产业的组织管理方式也是不科学的；只有充分将两个产业的组织管理方式方法进行有效的融合，既要考虑体育产业的公共产品性质和服务产品性质又要考虑互联网产业的信息共享性和风险性，才能保证新产品市场的完善和持续发展，最终实现体育与互联网的市场融合。

（三）充分利用主导产业引导模式

根据美国经济学家罗斯托的阐述，主导产业是指发展增长速度优于同领域其他产业，是同领域内最具有带动作用的产业或产业群。相关部门可以快速抓住技术进步的机遇，迅速发现并引进技术创新来更新原有的生产函数，改变原有的生产关系，最终带动整个产业的共同发展与进步，以实现产业间资源的最佳组合方式。这里我们所说的主导产业有两层含义：一是坚持"互联网+体育"产业在整体体育产业中的主导地位，二是明确"互联网+体育"产业领域内的主导产业，以实现体育产业的结构升级。

坚持"互联网+体育"在国民经济发展中的主导产业地位。"互联网+体育"属于知识密集型产业，与体育制造业、休闲健身、体育赛事运营、体育休闲娱乐等体育主体产业均有着密切的关联，"互联网+体育"的发展会为整体体育产业带来先进的技术，创造更符合群众需求的健康服务产品，进而带动国民经济的发展，保证我国体育产业在国际体育产业中逐渐占领产业链高端。

主导产业的选择关系到整个产业的发展前景和发展速度，"互联网+体育"产业是由智能软硬件、互联网转播权、体育垂直电商、电子竞技等多个分支产业组成的。在有限的要素资源和市场范围内,我们需要选择科学的主导产业,优先发展,带动整体"互联网+体育"的产业发展,其中根据高发展潜力、高关联性及可持续发展原则,可以将网络赛事转播业作为发展"互联网+体育"的主导产业。网络赛事转播的发展不仅为所有相关领域提供智能产品的科学技术支持,同时,能够带动消费者更高层次的需求,实现体育产业的结构升级。

二、"互联网+"体育产业"集团化"组织模式

随着数字化信息经济和经济全球化趋势的发展,产业组织理论中"市场失灵"和"政府失灵"的现象问题日益凸显,不再能够适应当代经济发展的需求。企业集团这一新的产业组织开始出现在经济学家的视角内。当今"互联网+体育"产业的发展有别于传统体育产业的地方在于:无论在终端需求还是中间环节,产业发展的动态性增大;需求日趋多样化且变动迅速,如在参与性体育消费中,消费者追求个性体验的要求越来越高。技术日新月异、新的组合也在不断出现,体育智能产品、转播平台以及体育软件的更新速度远远超越产品的更新速度。这带来了两方面的结果:一是微观上因交易而发生成本大大增加,二是宏观上产业资源重新配置的广度和深度也大大增加,从产业层面上表现为耦合成本的上升。大型的企业集团往往具有雄厚的资本储备以应付产业发展所需的耦合成本,并且具有良好的信誉和品牌上的吸引力;不仅可以吸引消费者,还吸引高端的科技人才,承担相关领域高尖端科技的研发。与政府相比,企业集团因身处于产业之中,深谙产业发展的方方面面,他们与产业唇齿相依,其战略比政策规划更能切中要害,更能见到实效。当然企业集团的影响要远比其资产要大,远远超过官方统计的结果。企业集团通过强大的实力,以自身为核心,通过控制产业链的某一段就能达到控制整条产业链的目的,从而完成控制

整个产业发展的节奏。它所制定的标准就是行业标准，并且有实力制定整个行业的游戏规则，较之于市场无序的竞争状态往往带有一些政府意味上的强制力和宏观层面的洞察力，能够有力地约束全行业的运行秩序，保证该产业在健康的轨道良性发展。

企业集团为资本密集、依赖规模的新技术应用提供了最初的财务和人员保证，其收入很快成为企业不断投资实物资本的资金来源；企业集团是知识基地，在这里新技术得以商品化；同时企业集团又是改进后的产品、工艺进一步商业化的温床，是相关企业网的核心，这些企业对于大规模生产、运输至关重要，并且产品的规模随着市场全球化而进一步扩大。大企业内部积极的研发活动使他们成为整个经济技术进步的核心。"互联网+"体育产业是以信息技术为核心技术支撑的产业，各企业之间由于资源信息的共享建立合作关系，信息在各企业之间的交易过程中产生了较多的额外成本。事实证明，若一家企业掌握了核心的信息资源，在开展其他业务时需要支付的成本相比独立企业可以节约一半以上的成本。因此，采用集团化组织方式是"互联网+"体育新业态发展的必然选择。

大型企业集团这一经济组织将成为一支新型的替代市场和政府的第三支力量，并发挥他们在产业中得天独厚的核心作用。我国的体育产业正在向着去行政化管理模式发展，逐步将产业发展完全交予市场，而我国"互联网+"体育市场处于刚刚起步的时期，任由企业各自自由发展，必然会导致市场秩序混乱和资源的浪费，因此仍需要相关机构的宏观管理。脱离政府，则企业集团会是最好的选择。对于处于领导地位的单一企业集团而言，它自身的战略制定在很大程度上决定了整个产业的发展战略，而它对于这些战略的执行情况也左右着整个产业的发展方向。当然，虽然企业集团在产业发展中起着领导作用，但是他们也不能违背产业发展的规律，否则会因此受到惩罚。

走集团化组织之路，不是任何企业都可以实现的，应该由有实力、有规模、有核心资源的企业,来兼并相关业务的小型企业,形成大型企业集团。例如,可以鼓励已有的赛事版权拥有商,整合赛事营销、转播平台、相关产品销售等企业,形成赛事转播领域的龙头集团企业。

三、"互联网+"体育产业新业态发展政策精准化模式

在产业发展过程中,政府管制的失灵问题虽然一直没有被解决,但是国家政策的引导作用依旧是产业发展的必要指南针。产业政策是指政府为了推动产业协调、良性、上升的发展,提升产业竞争力所采用的直接或间接的手段。与产业政策相比,产业发展政策更倾向于产业发展过程的内在规律以及产业发展的表现特征。作用于产业发展的过程,主要有产业结构演进政策、产业组织演进政策以及产业集聚政策、产业转移政策、产业融合政策等。要使得"互联网+"体育产业发展政策的作用得到有效的发挥,我们绝不可以像之前一样,一条政策全行通用,并且大都是概括性模糊性的,我们需要更加精准化的产业发展政策。

(一)"互联网+体育"产业结构演进政策

在传统经济理论中,产业结构的演进是主导产业群逐渐转换的一个过程,遵循着循序渐进的规律,但是信息经济的发展和经济全球化的经济环境,使得发展中国家产业结构演进有了很多捷径可言。体育产业内部结构优化政策,通常是指在保证市场机制在体育资源配置中的基础性作用下,针对中国特色社会主义经济发展的特点和民族特征,有偏向地干预市场,将资源有限投与更有利于中国特色经济结构发展的领域,弥补市场只追求经济利益的缺陷以及市场无序带来的市场失灵现象。与经济效益相比,我国体育产业的另一重要使命是承担了全体国民身体健康和休闲福利责任,属于公益性产业。为了实现公益福利,产业发展过程中政府必须适当干预,优先发展对民众最有益的产业。"互联网+"体育产业结构演进政策制定过程中,需要政府根据我国的国情和体育

市场的现状，确定主导产业、新型产业以及夕阳产业，明确不同产业领域的划分。加快主导产业部门的快速发展，扶持新型产业部门，保护夕阳产业部门顺利退出。根据关联度基准和收入弹性基准，我们可以选择网络传播业为主导产业部门。确定其产业主导地位，主要从营造一个公平的市场环境入手，充分发挥市场机制的调节作用，实现主导产业的自主化健康发展。另外根据国家的发展战略和需要，明确一些新型产业部门以及需要重点扶持的产业部门。根据我国"互联网+"体育产业的发展现状看，应该重点扶持体育智能软硬件，加大智能软硬件开发的投资力度、成果转化率和产权保护力度等是支持该部门发展必须解决的问题。再者就是夕阳产业的转化与退出，也需要产业结构政策的引导和帮助，实现这些部门安全退出市场或实现产业的升级转换。如传统体育销售业与垂直电商的融合发展，以及实现传统体育制造业的智能化升级等。

（二）"互联网+体育"产业组织演进政策

产业组织演进政策属于中观经济的范畴，其作用对象是体育产业市场，是为了维护市场秩序，提高资源在同一市场上的利用效率，控制企业的进入退出和规模。"互联网+"体育产业市场中的企业规模大的太大，小的太小，企业进出市场不受限制，严重破坏了市场秩序以及"互联网+"体育市场的健康发展，解决这些问题需要的就是"互联网+"体育产业组织演进政策。也就是说，"互联网+"体育产业组织政策的目的在于实现产业内部不同企业的资源高效配置。改善产业组织演进政策，我们可以从市场结构和市场行为两方面入手，采取措施，实现"互联网+"体育产业的组织优化。

首先，对于市场结构的政策引导主要是实现市场集中度的同时保证市场的竞争力。"互联网+"环境下的体育产业虽然相对传统体育产业而言，市场的竞争性有了普遍提升，企业垄断现象极少，进而也出现了难以实现市场集中度的现象。部分"互联网+"体育企业产品结构雷同现象严重，资源集中度非常低，出现了严重的资源配置效率低甚至企业难以盈利的现象。针对这一点，政府应该出台适当的市场准入和退出政策。限制市场上的主体数量,提高企业质量。既要打造若干实力雄厚的龙头企业,又要培育一批充满活力,专业性强的小型"互联网+"体育企业,实现行业内部的资源高效配置。

其次,产业组织演进政策的第二个着力点就是"互联网+"环境下体育产业新业态市场行为的规范性政策引导,防范不正当交易行为。第一,建立规范的产权交易体系,建立标准的产权分配体系,明确市场上的产权归属问题,维护"互联网+"环境下体育产业新业态生产主体的权益。第二,建立科学的、可行的产品质量评价体系,保证市场上流通的"互联网+"环境下体育新产品的质量问题;建立严格的服务监管体系,保证体育服务人员的质量和体育服务质量。维护"互联网+"环境下体育产业新业态市场上的消费者权益。通过各市场主体行为的政策引导,保证市场的交易运行秩序,提高"互联网+"体育产业新业态市场的经济效益。

(三)"互联网+体育"产业融合政策

"互联网+体育"产业融合就是发生在体育产业与互联网产业的产业边界或产业交叉地带的融合现象,在此融合中产生的新的产品、业务跨越了体育服务业、信息产业、软件产业、传媒产业等多个不同的部门,而每个部门之间都有自己产业的进入政策,这些政策之间的矛盾和冲突使得产业融合的支付费用大大增加,限制了产业的完全融合。

政府制定相关产业融合政策旨在营造一个良好的产业融合环境,这个环境包括良好的技术环境、良好的市场环境、良好的法律环境和良好的公共设施环境。良好的技术环境指政府大力提倡技术创新,大力推进信息技术在"互联网+"体育产业各部门内的应用,使各部门充分利用互联网技术带来的大数据平台,创造更符合消费需求和特点的新产品。良好的市场环境指降低传统体育产业,尤其是体育转播行业的进入壁垒,鼓励其他企业进入该市场,利用企业间的创新竞争力,激活整个行业,促进"互联网+体育"的融合进程。良好的法治环境是指通过立法保护知识产权，重点解决互联网技术的发展给体育赛事等版权带来的侵权问题，保证产权的有效性和不被侵犯性。良好的公共设施指政府必须提供与企业经营和发展息息相关的高质量基础设施（如信息高速公路等）和普及基础教育，前者保证的是现在，而后者保证的是将来。

首先是产业技术融合政策，主要包括标准融合政策和规划融合政策。标准融合政策就是建立通用并适合"互联网+"产业和体育产业两产业的产业标准，使得产业发展有据可依，避免双重管制、管制与激励矛盾等现象。规划融合政策，通过对"互联网+"的资源规划和体育产业资源规划的融合，以及不同产业部门的发展规划协调融合，实现互联网与体育产业和产业内部各行业各部门之间更高效的资源通用性，促进"互联网+"环境下体育产业新业态的高效率运营。其次是业务融合政策，业务融合主要是实现"互联网+"与体育产业各相关企业间的组织与管理改革，实质也就是产业链的业务重构。我们可以通过人才政策融合及组织政策融合来实现。鼓励培养跨专业人才，既要了解体育产业的发展特点，又要了解"互联网+"环境带来的机遇与挑战，人才的知识融合和观念创新对"互联网+"体育产业的融合发展至关重要；组织政策融合就是要实现对"互联网+"体育产业新业态企业的进入退出以及企业行为建立统一的标准，营造良好的市场运营环境，鼓励各企业部门之间的高度融合，实现集团化发展。再次是市场融合政策，即引导"互联网+"体育产业新业态市场上的需求融合及运营融合。鼓励"互联网+"与体育产业，以及"互联网+"环境下体育产业新业态部门之间的商品深度融合。最终实现真正"互联网+"环境下体育产业新业态的融合发展。

（四）"互联网+"产业转移政策

产业发展的横向转换表现为产业转移，即一个产业从一个地区转移到另一个地区的转移过程，这是因为该产业在一个地区已经失去发展优势，需要转移到另一个获取资源便利、成本较低、有利于实现自身优势的地区。这可能是由于资源供给需求变化引起的,也可能是产业本身发展周期演变的必然选择。因此这里说的产业转移政策又可以理解为"互联网+"体育产业新业态的布局政策。因为不同城市的互联网发展程度不同,消费者的体育需求程度不同而导致"互联网+"体育产业新业态在不同地区的发展程度也不同。产业转移政策的目的在于确定增长极效应,增进区域协调发展。产业转移政策的具体内容包括:确定产业转移的方向,通过财政、税收、土地等政策引导"互联网+"体育产业新业态先在某一发达地区集中发展起来,然后再向条件合适的地区依次转移延伸。引导产业转移的方式,因不同的行业、不同项目而不同,是逐步分批转移还是新区建立的一次性转移需要政府用政策在市场机制的基础上进行积极的引导,然后针对不同地区应采用的转移方式,推出系列鼓励和优惠政策;解决产业转移过程中出现的矛盾,不同的文化背景差异、不同的经济发展水平、不同的技术发展水平以及不同的原材料供应条件等,都会造成产业生存发展的不同,为产业转移带来困难,这是市场体系最无能为力的地方,也是最需要政策引导的地方,从而避免某些地方企业的排斥现象,增加转移企业的发展速度;规范产业转移过程中的不正当行为,利用强政府的监管力度,实现产业科学健康的转移,避免影响地方原有的市场秩序。

(五)"互联网+体育"产业集聚政策

在产业发展过程中,另外一种运动表现机制就是产业集聚。产业集聚是指由于社会需求、自然资源等因素的引导,"互联网+体育"相关的企业趋于在某一地理空间上集中的过程和现象。互联网技术的高速发展为体育产业集聚的概念带来了意义上的延伸,这里的产业集聚不再只是地理意义上的集聚,也是企业关系的集聚,各种企业因互联网打破地理限制而形成体育企业联盟和体育企业集团。产业集聚政策的意义在于引导产业集聚过程中专业知识和信息的集聚,确保集聚后企业间的分工和合作更加顺畅。

互联网的平台互通特性为"互联网+"体育产业新业态实现产业集聚提

供了便利的技术优势，为知识和信息的集聚提供了顺畅的平台，但是市场机制中产业集聚的被动性和速度极慢特点还是向政府的产业转移政策伸出了求助之手。首先我们可以从知识集聚入手，知识集聚最容易实现的地方就是高校和科研机构，要想实现产业集聚，政府应该加大对高校、科研机构的财政、税收甚至是补贴政策的投入，鼓励"互联网+"体育产业领域高新技术的研究与开发。政府通过政策调动社会资源，加大企业或风险投资对科研项目的投资力度，对企业开发研究、高新技术引进等行为进行财政补贴。集聚政策主要致力于集聚区内的知识资源聚集和创新活动聚集，通过知识存量的增加实现产出的稳定增长。其次是信息的集聚，政府可以通过管制、要求等硬性措施，实现"互联网+"体育产业新业态的产业内部信息集聚，提高信息资源的利用效率，增强同资源企业间的关联性，增加对产业内部其他企业的吸引力引导产业内部企业的集聚。最后，就是从产业内部企业间的组织关系入手，企业间稳健的商业关系有利于集聚区域内知识外溢效应的发挥和区域经济平衡，也是实现产业集聚的必然必备条件。产业聚集政策就是通过政府的强制、规划、鼓励等手段，将资金、人才、技术等社会资源集聚在同一领域，实现对资源的高效组织和利用，减少不同企业之间相互联系的成本，提高产业的生产创造效率，最终实现产业间的高效关联、公共效果最大化，同时通过集聚区内企业之间的相互影响实现整体产业的创新能力提升。

第二章 电子竞技的解析

第一节 电子竞技的内涵与外延

一、电子竞技的内涵

（一）竞技体育

竞技体育的内涵由"竞技"和"运动"两部分组成，其中"运动"在《现代汉语词典》（第七版）中有五种解释，从电子竞技运动的实际运行出发，广义的"政治、文化、生产等方面有组织、有目的而声势较大的群众性活动"和狭义的"体育活动"最为贴切。电子竞技就是通过电子技术手段推出新的竞技体育实践方式和交互模式。而"竞技体育"中的"竞技"可以直译为"体育竞赛"，当然这是狭义的现实体现。《辞海》中更是将"竞技运动"和"竞技体育"完全等同，在目前的概念区分中"体育"和"运动"更多被认为是并列结构中体量相当的部分，不做特别化的区分，都被视为"最大限度地挖掘和发挥人体运动的潜能，显示个人和团体的体育运动实力，以创造优异成绩、战胜对手为目的的人体运动，是具有竞赛特点和较高技术要求的运动项目的通称"。

之所以将电子竞技自然而然地划分到竞技体育当中，是因为体育的概念和电子竞技的核心概念重合部分较多，以竞技体育的概念延伸来解释电子竞技有着天然的优势。又或者说如果给"电子竞技"补全其名为"电子竞技运动"，这样就更加容易理解了。虽然电子竞技运动与传统体育运动在时间和空间的双重维度上有着不小的差别,但其核心内涵都包含着"动作""竞争"等元素,而且将电子竞技划归到竞技体育中也有利于相关学科知识的引用和延展。从电子竞技研究者学科背景来看,以体育学领域居多,最为显著的一个案例就是《电子竞技运动概论》作为目前公认权威的行业概论性著作之一,开宗明义地提出"电子竞技是以信息技术为核心的各种软、硬件作为器械或者是设备,在其营造的虚拟环境中,按照统一的竞赛规则为提高成绩而进行的体育游戏活动,对人的思维、反应和协调等能力具有一定锻炼作用",对电子竞技进行了较为科学的定义。该著作还提出电子竞技和传统体育运动的标志性差别是新技术手段的应用,技术手段的差别并不影响其背后的人文含义,电子竞技应该属于数字体育的范畴,是"体验体育"的有机组成部分。①

近些年围绕电子竞技是偏向于"体育说"还是"游戏说"的问题,专家学者仍然众说纷纭。认同电子竞技归类于体育运动学的学者,其观点主要集中在两个核心元素上:一是电子,二是竞技。"电子"是方式和手段,规定了这项体育运动的实施范围与开展条件,这与篮球比赛需要篮球馆、足球比赛依赖足球场、射击比赛依托枪支、赛车比赛离不开汽车等一样,是体育运动正常进行所需的空间要件;"竞技"是指竞赛、比赛,强调了这是一项人与人之间的对抗活动,这也是现代体育比赛的最基本特征。

当然,随着电子竞技在种类和形式上的不断发展,这一直接的划分方法也面临着一些争议,比如在运动载体方面,竞技运动发生在现实世界,电子竞技发生在虚拟世界,这一发生环境的变化直接影响了该运动发生的现实条件性;在运动时间方面,竞技运动有明显的时效性,而电子竞技的随意性较强,对于多数受众体验来说,其娱乐属性大于竞技属性,竞技属性只是保障其运行的规则;在运动保障方面,竞技运动主要依赖身体功能行为,而电子竞技更依赖科学技术,技能与技术有着本质的差别。因此研究界存在内部分歧,特别是围绕

---

① 李宗浩,李柏,王健.电子竞技运动概论[M].北京:人民体育出版社,2005.

电子竞技中"竞技"是否占主导的争执始终没有定论。

实际上，拥有更多跨学科背景的研究学者更倾向于支持电子竞技游戏说。他们认为电子竞技中的"游戏"元素可以根据时间脉络进行二次划分，在电子游戏产生之初，电子竞技游戏就已经存在。早在20世纪80年代的日本"任天堂"红白机时代，电子竞技游戏就已家喻户晓，成为用户陶冶情操、释放压力、锻炼反应和智慧的生活消遣之选择。而之所以突出电子游戏的竞技性特征则依赖于传统的博弈形式和博弈论的学科发展，典型案例就是1996年和1997年俄罗斯国际象棋世界冠军卡斯帕罗夫和计算机"深蓝"之间展开的两次国际象棋"人机大战"，这一竞技行为被很多人认为是开创了电子竞技的先河。[①]当然，后续也有很多学者讨论单人机互动的游戏模式，即单机不互联的形式是否还属于电子竞技的范畴。

"游戏"一词在《现代汉语词典》（第七版）中有两种解释：一是指"娱乐活动，如捉迷藏、猜灯谜等。某些非正式比赛项目的体育活动如康乐球等也叫游戏"。二是指"玩耍"。在《辞海》中游戏则被认为是一种文化娱乐形式，"分为发展智力的游戏和发展体力的游戏，前者包括文字游戏、图画游戏、数字游戏等，被习惯称为智力游戏；后者包括活动性游戏和非竞赛性体育活动，另外还有电子游戏和网络游戏"。在了解游戏这一基础概念之后，对应电子竞技的特点和形式可以发现，电子竞技源于电子游戏，但是其形式和内容之丰富又超越了最初的电子游戏，随着3D建模、虚拟现实、元宇宙等技术的发展又会不断拓宽其边界、丰富其内涵。所以如果把电子游戏认为是"利用电子技术进行的游戏"，那么电子竞技就会被放在游戏的历史性传承、延续及发展的坐标上。然而，游戏学研究中亦表达了电子竞技正在随着技术发展从基础的游戏属性过渡到占比更大的竞技属性。

持"电竞游戏说"观点的研究学者将研究落脚于社会实验和现实预判。他

[①] 赵军.电子竞技发展趋势研判[J].体育文化导刊，2014（1）：104-107.

们从电子竞技的非体育运动性出发，继而论证电子竞技应该回归游戏内容本体的观点。他们强调电子竞技属于游戏的范畴，是因为这是人们利用十指进行生活、学习、工作、娱乐和交流的工具之一，也是人类对新时代的生物性适应。游戏的发展历史是单个人（无意识玩耍）到社会人（简单的人与人交流），再到虚拟人（人与机器之间的互动），进而到真实人（高级的人与人之间互动）的交际演变，终极目标是让人们在娱乐中愉悦身心，得到精神上的享受。[①]但是作为一个新兴的领域门类，特别是鉴于电子竞技和青少年成长的相关话题讨论，持游戏说论点的学者群体也有不少受众支持。

（二）娱乐性与竞技性的博弈

1. 电子竞技的娱乐性

电子竞技的娱乐性主要体现在两个方面，一方面是其基于网络游戏本身的体验感，通过游戏设计使用户产生欲望、刺激、喜悦等情绪，以此达到愉悦身心的目的。另一方面是超脱于游戏内部环境，用户在电子竞技过程中产生与他人的竞争和对抗从而实现自我提升，尤其是出色的竞技表现会为参与者带来极大的满足感和成就感。近年来，随着泛娱乐化产业整体规模和影响力的进一步扩大，多种多样的娱乐形式在与电竞赛事深度结合后极大程度上增强了电子竞技的内容丰富性和竞技娱乐性。

随着经济社会的不断发展，大众的娱乐需求日益多样化，单一的电子竞技赛事内容已经无法满足大众多元化的需求，"泛"娱乐化成为电子竞技赛事突破瓶颈的必然路径。我国电竞内容制作及赛事运营平台在电子竞技赛事泛娱乐化上已经做出一些尝试。首先，在赛事内容上，腾讯邀请过诸多娱乐圈明星担任比赛解说、演出嘉宾或参与电竞比赛，通过跨界营销来提高电子竞技赛事关注度；其次，腾讯视频、爱奇艺等视频服务公司制作了如《王者出击》《终极高手》等由电子竞技职业选手和娱乐圈明星构成的综艺节目，让电子竞技职业

---

① 杨芳. 电子竞技应回归游戏的本质 [J]. 山东体育学院学报, 2005（1）: 35-37.

选手"出圈";最后,实力雄厚的电竞俱乐部以各自所在城市为依托,建立了集赛事观看、休闲娱乐、文化展示于一体的电子竞技赛事中心,打造独特的电竞文化,并将其融入城市文化,赋予城市发展新的活力。①

因此,电竞的娱乐性特征不仅停留在赛事本身,更多的是结合平台和用户生成的二次玩法、多次传播和 IP 化运营。特别是,近几年我国电竞战队在各大世界级赛事中成绩斐然,以 IG、EDG 为代表的多支电竞战队更是依靠其强大的竞技实力和出色的赛场表现赢得了广大电竞受众的追捧,一度在国内掀起电子竞技运动的狂欢盛况,这也在客观上为我国电竞产业整体发展带来了更多的可能性。

2. 电子竞技的竞技性

电子竞技的竞技性主要体现在"人机交互"和"人人竞争"两方面,其竞技属性甚至比部分传统竞技体育更为明显。竞技性是电子竞技与网络电子游戏区分开来的重要标志,并且游戏组织是否具有强烈的竞技性也将电子竞技和其他群体游戏方式区分开来。电子游戏依靠新技术走向线上屏幕,而随着游戏爱好者群体扩大,当个人之间、群体之间从娱乐层面走向竞争层面,参与者都在追求更好的竞技表现时,自然也就产生了"电子竞技"这一运动形式,因此电子游戏的外在竞争化是其发展为电子竞技的重要标志。当电子游戏趋向电子竞技,其参与者也就从普通的游戏玩家身份转变为竞技者,即运动员。和传统体育项目的职业运动员一样,电子竞技人员要通过大量艰苦繁重的训练来提升自己的竞技水平,甚至要通过比赛获得的奖金来谋生,这是电竞选手这一新职业诞生的过程,也是电子竞技从兴趣爱好走向产业化、职业化的重要一步。电子竞技成为具体人群赖以生存的职业后,电子竞技的竞赛规则也就成了行业运行的规则。与此同时,电子竞技对其从业者的体力和耐力也有着较高的要求,这

---

① 王宇翔,方永恒.泛娱乐背景下我国电子竞技赛事发展的困境及路径选择[J].辽宁体育科技,2021(4):65–70.

一点是职业电竞选手区别于普通电子游戏爱好者的重要标志之一。

电子竞技的竞技性突出展现在比赛过程中，参赛选手需要尽力发挥自己的智力和体力才能在竞争中占据上风。在这一过程中，观众不仅可以观看游戏的精彩画面，还可以通过见证选手之间体力和脑力的比拼来感受电子竞技运动的竞技性特征。除此之外，如果没有观众的积极参与，只是游戏玩家单纯进行内部对抗比赛，那电子竞技也就失去了应有的魅力，其产业变现能力与经济效益将会大打折扣，最终将不利于电竞产业的整体发展。

3. 电子竞技娱乐性和竞技性的对立和统一

电子竞技的娱乐性和竞技性既有对立也有统一，对立主要体现在网络游戏自身愉悦身心的属性和竞技体育自身竞争比拼的要求。统一则体现在两个方面，一是电子竞技的发展过程基于游戏的娱乐性开始，在融合了竞技体育的竞技性后形成了该运动门类。二是在电子竞技的运行过程中，娱乐性和竞技性并不是分裂的，竞争带来的悬念和刺激增强了其娱乐属性，娱乐的基础因素也使得竞争充满看点和期待，这是一个自然融合的过程。

其实，若回归到电竞作为一种竞技类体育项目来看，任何一项体育赛事本身就兼具着娱乐性和竞技性特征，这是一个问题的两个方面。本质上"娱乐"是一个中性词，与"竞技"并不冲突，一个运动项目或体育赛事可以从多角度展开娱乐性挖掘，例如画面呈现方式、转播解说方式、规则环节设定等。竞技性为娱乐性服务的特征较为明显，在传统体育赛事中通过竞技手段达到的结果、赢得的荣誉和胜利，以及对这些积极因素的追求，皆是游戏娱乐性的体现。因此，通过竞技性来开拓娱乐功能、通过娱乐性来促进竞技效果是平衡电竞赛事中二者关系的最佳途径。

电子竞技的娱乐性和竞技性除了对立统一关系之外，还会在特定情况下发生置换。因为参与者竞技水平和经验技术的不同与差距，有时会牺牲绝对竞技性来换取娱乐性。这种情况主要出现在两种形势下：一是为了达成水平相当的竞技效果，组织者会为参与者划分和匹配相同竞技水平的玩家，以达成较好的竞技体验。二是会根据选手水平进行级别区分或者以地区范围来分层比拼。这样的方式一定程度上增强了相对竞技性来保障用户参与和观看的体验感。而在电子竞技的赛事运营执行中，部分娱乐性较强的游戏功能或者环节流程设置也会在职业赛事中被剔除，以保障赛事进行中竞技性和专业性的绝对地位。

二、电竞的外延

在了解电子竞技的内涵后，我们还要通过分类的方式对电子竞技做外延的探索。总的来说，电子竞技的具体类目繁杂多样，较为广泛认可的分类方式是将电竞分为虚拟化和虚构化两种。虚拟化是指现实当中实际存在的、仅利用数字体育网络平台将其虚拟化的竞技体育运动。虚构化的电子竞技运动是指并不存在现实场景的竞技体育运动项目，完全利用数字网络平台虚构游戏场景的竞技体育运动项目。

举例来讲，当前最热门的《英雄联盟》《王者荣耀》等属于虚构化电竞游戏，而虚拟化电竞游戏多数较为传统，其带给用户的感知冲击力受现实场景的制约略逊于虚构化电竞游戏，且虚构化电竞项目拥有更强的发挥空间和竞技能力的量化表现。考虑到传播度、竞技性、观赏性等因素，未来电子竞技发展方向应该更靠近虚构化竞技项目。

虚拟化和虚构化主要是从该竞技项目的游戏场景内容进行区分的，如果具体到竞技项目的形式类型，通常会把电子竞技划分为四类，即以《星际争霸》等为代表的即时战略游戏、以《街霸》等为代表的格斗类游戏、以《反恐精英》等为代表的第一人称射击类游戏，和以《英雄联盟》等为代表的多人连线竞技类游戏。相对而言，用虚拟化和虚构化来将电子竞技项目进行分类，对于电子竞技的开发研究比较有利，而本书重点呈现的分类方法更倾向于将电子竞技项目按照单向性和综合性、对战性和休闲类这两种类型板块进行划分，这样的划分方法更能助益于电子竞技传播效果、产业发展和受众群体的研究。

（一）单向性 VS 综合性

从内容结构的角度，电子竞技项目可划分为单向性和综合性两大类别，区分单向性和综合性主要从内容题材和技能投入两方面来看。单向性即该竞技项目中只包含单一的内容题材和单线的技能投入，最突出的是传统体育题材下的电子竞技项目，包括棋牌对战、足篮虚拟比赛等内容，这些竞技项目围绕围棋、篮球、足球等单一内容题材展开，并且参与者在人机交互的过程当中只需要单线技能投入，即操控虚拟主体进行传统体育运动再现，这是单向性电子竞技项目的特点。综合性即该竞技项目中存在有多元内容题材或者是多角度的技能投入，包括以《英雄联盟》《王者荣耀》为代表的电子竞技赛事热门项目综合性电子竞技项目的游戏内容更为丰富、技能投入要求更高、视觉效果更有突破性。综合性电子竞技项目更利于表现体育竞技中的团队作用和组合性运动，因此被认为是我们研究电竞赛事发展的重点。

在对电子竞技项目进行具体分类的过程中，单向性和综合性只是概括性的区分，想要针对不同内容类型的电子竞技项目展开探索，还要按照内容类型对其做具体种类的划分。本书根据此前相关文献研究将电子竞技项目分为动作游戏（ACT）、冒险游戏（AVG）、角色扮演游戏（RPG）、策略游戏（SLG）、体育游戏（SPG）、模拟经营游戏（SIM）、益智游戏（PUZ）、竞速游戏（RAC）、桌面游戏（TAB）等九大类。例如在动作游戏中还有更为具体的门类，即第一人称射击类游戏、格斗游戏等。综观这九类电子竞技项目，其中体育游戏、竞速游戏、桌面游戏等属于单向性电竞项目，而角色扮演游戏、策略游戏、模拟经营游戏、益智游戏等由于自身内容类型较丰富，属于综合性电竞项目。虽然不能简单划一地将这些类别的电子竞技项目归纳到单向性和综合性中，但通过这一行业规律也可以引导电子竞技的项目发展。

此前我们在讨论电子竞技娱乐性和竞技性关系时，多次提到电子竞技两种特性之间的对立统一关系。其实如果以单向性和综合性的分类方法来看电子竞技的娱乐性和竞技性，可以发现，单向性电子竞技项目主要满足的是娱乐性和基础竞技性的要求，而综合性电子竞技项目在满足娱乐性的同时，对于竞技性的要求高于单向性电子竞技项目，更加强调参与选手的综合技术能力以及团队配合水平，对于参与该项目选手的团队合作能力要求较高，在"更高、更快、更强"要求的基础上加入"更团结"的要求。因此，综合性电子竞技项目更能体现电子竞技娱乐性和竞争性的统一关系。当选手被要求以更综合的运动表现参与其中，并且形成了团队组合关系，同时参与选手之间的竞争关系不断升级的时候，其项目的娱乐属性也被发挥到最大，这也是近年来电子竞技产业发展迅速，收获一众电竞爱好者热情支持的主要原因。

（二）对战类 VS 休闲类

除了前文提及的分类方法之外，还可以通过电子竞技项目的运行方式将其分为对战类电子竞技和休闲类电子竞技。对战类电子竞技项目由于竞技属性较强，是电子竞技赛事中占大多数的种类，也是我们研究讨论的重点。对战类电子竞技项目也被称为经典电子竞技项目，是电子游戏向竞技化方向发展最早期的成果，长期以来拥有非常强大的生命力。

结合游戏项目自身的内容特点，可以将对战类电子竞技分为第一人称射击类游戏、格斗类游戏、即时战略游戏和体育类游戏等。其中，与以往的游戏不同，第一人称射击类游戏更具特点。"第一人称"电子竞技的基本形态以游戏参与者的主观视角为主，游戏参与者不是宏观地控制虚拟角色展开游戏，而是以一种身临其境的方式来立体感受游戏带来的丰富体验，游戏画面所呈现的就是第一人称主体能看到的场景。这类游戏实景感强，游戏体验更好。这类游戏多为虚拟化和单项性电子竞技项目，之所以能在世界范围内受到热捧，主要原因是调动了用户对射击情境的想象，并且在相关主题电影电视作品的影响下，用户抱有心理认同感，参与其中能有很好的减压娱乐效果。同时，射击类游戏本身延续了传统体育射击项目的竞争属性，天然地将电竞的娱乐性和竞技性融为一体，这也是第一人称射击类游戏被广泛接受的重要原因之一。

举例而言，1981年，美国Muse Software公司推出的《德军总部》系列游戏被称为第一人称射击类游戏的奠基之作，后来发展了五代，并推出了手机版本。《守望先锋》在第一人称射击类游戏中影响较大，它于2016年5月全球上市，开发公司是美国著名游戏制作商暴雪娱乐（Blizzard），2016年获得TGA（The Game Awards）年度最佳游戏奖，2017年获得TGA最佳持续运营奖，性格鲜明的人物、华丽的技能、优秀的地图设计与战术深度，使其成为第一人称射击类游戏中受众最广的一款。

格斗类游戏从字面上不难理解，是以动作对抗为核心内容的电子竞技项目，格斗本身就有刺激、冲突和对抗的特点，加之电子特效的运用将使其具有天然的视觉欣赏价值。格斗类游戏通常分为两个以上阵营，相互作战，格斗技巧的引入是一大亮点。该类游戏具有明显的动作游戏特征，是动作类游戏的重要分支。格斗类游戏始于20世纪80年代，日本《功夫》游戏的推出对于格斗类游戏的发展具有开创性意义，游戏中很多技巧规定、游戏规则对于目前的游戏形态仍具有较大的影响。同样出自日本的《拳皇》系列集合了《饿狼传说》《龙虎之拳》以及《超能力战士》多款格斗类游戏中的经典角色和特点，同时进行了一定程度的原创和故事融合，其操作简单，动作流畅，是格斗类游戏的经典之作。随着时代的发展，虽然格斗类游戏交互形式较为基础简单，在核心设计上没有变革式的突破，但3D技术、VR（Virtual Reality，虚拟现实）技术正在向电子竞技领域渗透，格斗类游戏与新技术深度结合，可以进一步激发其在视觉效果、操作体感上的优势。凭借其自身强烈的体验感和技术加持，格斗类游戏也是21世纪电竞游戏版图的重要组成部分。这也给予了游戏设计开发和电竞产业发展一定的启示，并不是所有的电子竞技项目都要向综合类、虚构化的方向靠拢和转型，如果能不断提升自身效果，同样可以收获用户的肯定和青睐。

即时战略游戏简称 RTS（Real-Time Strategy Game），此类游戏是即时进行的，而不是策略游戏多见的回合制，玩家需要根据游戏情况、战队特点等信息即时调整战略，以取得对战（游戏）的胜利，玩家在游戏中多扮演将军，进行调兵遣将的宏观操作。区别于第一人称射击类游戏和格斗类游戏对个人技能操作的高要求，即时战略游戏需要的是参与者审时度势，对形势作出预判、选择和操作，因此对于选手体力和脑力的双重要求较高。同时，观众在观看该类游戏的过程中，会出现对选手操作行为的猜测、解释、评价，选手与观众之间的隐性互动增多，观看者的投入程度较高，对选手个人也会产生更多的评价和情感。《星际争霸》和《魔兽争霸》系列皆是即时战略游戏中的经典作品。《魔兽争霸》于1994年面世，在《魔兽争霸》取得成功之后，其制作公司暴雪娱乐以其为引擎，于1998年推出了即时战略游戏《星际争霸》，亦获成功，在全球范围内具有极高的流行度。即时战略游戏无论是在赛事转播过程中，还是在赛事之外的社交媒体平台上都拥有较高的关注度和较强的讨论度，是电竞产业深入受众群体的重要类型途径。

体育类游戏包括 NBA 2K、FIFA 实况足球等大众耳熟能详的产品，该种游戏是以体育项目为基础，加以游戏效果和互动设计构建出来，受众群体量很大程度上取决于现实世界中该体育项目的受众群体量。特别是足球、篮球这些团队型体育项目转化成电子游戏的版本较为成功，同时这些游戏也会随着NBA、世界杯、奥运会等大型体育赛事热点而联动起来，总体来看向虚构化电子竞技赛事的转化效果一般，未来还需要更多的融合与探索。

从逻辑学的角度来说，目前学界关于电竞的分类方法是在作为电竞内容载体的电子游戏分类基础上进行的再划分。也有学者质疑这种再划分是否有必要，以及目前的再划分是否符合逻辑学关于划分规则的要求。随着电竞的发展和理论研究的深入，作为电竞基本问题的概念界定与划分的讨论将会持续。电竞以游戏的内容作为载体，但并非所有的游戏内容都能成为电竞的载体。比如，开心消消乐、推箱子、连连看、贪吃蛇、密室游戏等电子游戏就不能作为严格意义上的电竞载体。[①]这一点此前我们在对电子竞技概念进行划定的时候已经有过详细论证，此处只是提醒大家在理解电子竞技分类这一概念外延的过程中要谨记其特性。除了上述分类方式，依据不同的分类标准电子竞技还有不同的分类方式，在此不作赘述。上述分类是学术研究和应用实践研究分析中最常用的分类方式，也在一定程度上体现了电子竞技运动的特点。

第二节 电子竞技的产业发展

一、电子竞技产业的概念

电子竞技产业目前正处于高速发展的阶段，虽然未来会出现哪些关于电子竞技的新兴行业不得而知，但是一个产业的发展离不开它本身内在的发展规律，所以我们在学习和了解电子竞技产业概念之前，需要首先知道什么是产业。理解和把握产业的含义可以帮助我们从不同学科、不同角度、不同目的、不同场合等进行考察与研究。

关于电子竞技产业的概念问题，国内外尚无明确的界定。尽管欧美等发达国家的电子竞技产业发展起步较早，但电子竞技教育方面与我们同样处于起步阶段，电子竞技理论体系还未建立。本书结合产业学、产业经济学及参考游戏产业与体育产业的相关概念，从目前电子竞技产业统计的现实与三次产业分类

---

① 郭琴. 电子竞技几个基本问题的理论综述——概念、分类及其与游戏和体育的关系[J]. 广州体育学院学报，2021（6）：32-36.

法的角度出发，将电子竞技产业概念分为广义与狭义两个方面，形成完整的电子竞技产业概念。

（一）广义的电子竞技产业

与传统的产业理论和经济理论观点不同，基于我国电子竞技产业高速发展的现实，从理论规范的角度出发，也从目前电子竞技产业统计的现实出发，对电子竞技产业做出广义的解释：电子竞技产业是为消费者提供电子竞技所需的产品和服务的活动，以及与这些活动相关联活动的集合，包括游戏的研发商、上游的硬件提供商、游戏在各地区的市场运营商、网络运营服务商、赛事赞助企业、下游的传播媒介和终端用户等。

（二）狭义的电子竞技产业

无论是参考体育产业、游戏产业的相关理论，还是参考相关的实践工作，体育产业和游戏产业本身在中国的发展还处于相对初级的阶段。依据国际广泛采用的三次产业分类法，体育产业和游戏产业都属于第三产业，电子竞技产业属于体育产业与游戏产业的交叉产业，因此，电子竞技产业的基本内容只能限定在第三产业所包括的范围中，即向社会提供各种电子竞技服务的有关部门。

二、电子竞技产业的分类

在产业发展阶段理论中，电子竞技产业正处于产业的成长阶段，是处于生产实践的发展，产业技术水平不断完善，生产力水平提高，企业数量增加的阶段。产业的成长期是产业发展过程中一个非常重要的环节，此时，产业已经度过幼年时的危险期，但能否进入成熟期还有待考量。

产业分类的理论基础与标准都是根据国家的经济制度而制定的，各个国家之间会存在一定的差异。以国内体育产业为例，1995年，国家体委发布了《体育产业发展纲要（1995—2010年）》，其中对我国体育产业的分类包括以下三个层次：第一层次为体育主题产业，第二层次为体育相关产业，第三层次为体育外围产业。

2015年，国家统计局发布的《国家体育产业统计分类》（国家统计局令第17号），将体育产业范围确定为体育管理活动、体育竞赛表演活动、体育健身休闲活动、体育场馆服务、体育中介服务、体育培训与教育、体育传媒与信息服务、其他与体育相关服务、体育用品及相关产品制造、体育用品及相关产品销售、贸易代理与出租、体育场地设施建设等11大类。

电子竞技产业既包含电子竞技运动方面，也包含电子竞技游戏方面，是体育与游戏产业的结合。就目前电子竞技产业的发展现状来说，我们可以将电子竞技产业分为以下14大类：电子竞技管理活动、电子竞技竞赛表演活动、电子竞技休闲活动、电子竞技场馆服务、电子竞技中介服务、电子竞技培训与教育、电子竞技传媒与信息服务、其他与电子竞技相关的服务、电子竞技用品及相关产品制造、电子竞技用品及相关产品销售、电子竞技场地设施建设、PC（Personal Computer，个人电脑）游戏的研发与运营、移动游戏的研发与运营，以及专用游戏设备的研发与运营。

三、电子竞技产业的属性

电子竞技产业与体育产业、游戏产业密切相关，在1985年国家统计局公布的《中国国内生产总值计算方法》中，体育产业和游戏产业都被列入了第三产业。1992年6月，中共中央、国务院《关于加快发展第三产业的决定》中对体育产业和游戏产业的属性进行了界定：是现代服务业的组成部分，具有显著的产业属性，所以电子竞技产业属于第三产业。

从目前国内主流权威机构进行的电子竞技产业统计角度来看，电子竞技产业不仅包括了涉及第三产业的电子竞技游戏或运动服务项目，也包括了第二产业的游戏衍生产品、硬件外设、俱乐部周边、场馆建设等制造产业。在实际中，电子竞技产业的主体部分依旧是提供电子竞技运动和电子竞技游戏的相关服务，即为消费者提供多样化的电子竞技服务产品，电子竞技其他衍生产品的生产属于电子竞技服务产业的派生或延伸产业，并不会从本质上影响电子竞技产业属于第三产业的性质。随着科学技术的迅速进步，以及人类经济活动的日益多元化和复杂化，三次产业分类法的局限性渐渐暴露出来。主要问题是第三产业的内容过于庞杂，大至为航天事业服务的数据库，小至理发服务等。现代社会经济逐步发展。国民经济各行业之间，一方面分工越来越细，另一方面又相互渗透，这决定了国民经济任何一个产业部门都不是孤立发展的。例如，制药业被列入制造业，实际上药品的生产费用仅占整体成本的一小部分，绝大部分的成本在于药品的研究开发、临床试验、申请专利及药品供销等。因此，科学技术及经济发展，尤其是位于第三产业中的服务行业，使得三次产业分类之间的界限越来越模糊，出现了融合的趋势。

电子竞技产业就像各个产业之间的纽带一般，促进经济、文化、游艺、旅游、科技、卫生、教育、体育等相关部门的联系，满足人民群众对于电子竞技服务和产品不断增长的多样化需求。所以，在对电子竞技产业属性进行定义的时候，不能局限于三次产业分类法。根据电子竞技产业在我国乃至世界的发展现状可以看出，电子竞技产业不仅是第三产业的组成部分，还是一个综合性产业。

四、我国电子竞技运动产业发展现状

首先，在我国现代电子信息技术高速发展过程中，电子产品技术也得到了很大程度的提升，同时其价格也出现了一定程度的降低。这为全面普及电子竞技提供了必要的硬件条件。在我国出现的一系列电子竞技赛事，具有较高的对抗性，例如CPL（Cyberathlete Professional League，职业电子竞技联盟）、WCG（World Cyber Games，世界电子竞技大赛）、ESWC（Electronic Sport World Cup）等，在具体参与赛事时，激烈对抗能够使游戏爱好者感官刺激需求得到更高程度的满足，电子竞技产业也得到了很大程度的发展壮大，在广大群众中快速普及。其次，我国的互联网群体基数庞大，截至2023年12月，中国网民规模达10.92亿人，互联网普及率达77.5%，为电子竞技产业提供极其庞大的用户群体。最后市场容量也相对较大，2022年电竞用户数量为5.04亿人，中国电竞市场规模约为1 579亿元。虽然相对于欧美发达国家和韩国，我国电子竞技产业发展的系统性和专业性存在很大程度的不同，但是中国在现阶段拥有最大规模的客户量，电子竞技市场极为广阔。

五、电子竞技运动的可持续发展

（一）积极宣传电竞赛事

电子竞技产业的可持续发展需要有大众基础。我们需要科学应用宣传推广机构来宣传电竞赛事，使电子竞技运动具有更高的知晓度，确保更为有效地落实相关策划工作，进而取得经济效益。在此过程中，相关单位应科学应用电视、网络等新媒体对其进行正面宣传，使电竞产业成为现代市场经济中不可或缺的重要组成部分。与此同时，还需要基于社会实际需求，进行大量实践调查，确保能够有序开展市场活动，科学选择合作伙伴进行体育产业发展的全面推广。此外，科学选择宣传方式对赛事的经济效益和关注度具有一定程度的直接影响，基于此，电竞赛事需要和广告赞助商有效合作，保证宣传的趣味性和技巧性，确保电竞赛事具有更高的吸引力。

（二）合理优化规则意识

规则具体是指在运动过程中需要遵循的相关规范，通常由在某个领域具有较高威信、经验丰富的人与项目参与者共同参与制定。在进行电子竞技运动过程中，规则对相关人员的具体行为提出了明确的规范和要求，只有确保所有行业内的人共同遵循相同的规则，才能保障其运行的稳定性。在具体进行电子竞技游戏时，规则是其各级运动员必须严格遵循的行为准则。只有严格遵循相关规则，才能确保比赛公平有效地进行。因此，一方面要遵循国际统一的竞赛规则，另一方面要在行业发展基础上开发符合国家经济发展战略的新产品、新赛事，形成具有国际影响力的行业标杆。

（三）强化从业人员培训

在电子竞技运动产业化发展过程中，具有较高专业素质的产业人员是其不可或缺的重要条件，在此过程中，软件开发人才和体育管理人才是其极其重要的人才需求。在我国现阶段，具有较高竞争实力的电子竞技项目，大多由外国公司开发。在现代科技高速发展的过程中，我国已经逐渐进入世界电子竞技事业的中心，能够在一定程度上引领国际电子竞技潮流。基于此，相关部门应鼓励相关企业自主研发电子竞技产品，科学培养相关技术人员，从而提高我国电子竞技行业的影响力，保障我国未来电竞事业的可持续发展，实现核心竞争力的全面提升。

（四）全面发展周边产业

电竞爱好者在开展电子竞技游戏时，通常会对电子竞技游戏进行一定程度的消费，以此为基础，在很大程度上会影响到对周边产品消费的兴趣和活跃度。相关人员需要深入分析基于电子竞技比赛和电子竞技项目实现的新型盈利模式，确保其他传统产业和电子竞技项目有效结合，并对其进行有效拓展，使其在餐饮业、电视电影以及媒体传播等行业得到有效发展。例如电竞游戏主题餐厅、音像制品、手办、衣服以及选手队服等，使其具有更多的利润增长点，同时实现行业规模的有效扩展。

（五）明确产业发展方向

在管理电子竞技产业过程中，相关单位需要积极学习发达国家的先进经验。从宏观发展角度，需要与我国现阶段电子竞技市场有效结合，深入分析新兴体育发展的重要方向，明确电子竞技运动实现职业化发展的必然趋势。就微观角度而言，在经营电子竞技团队俱乐部时，需要科学完善管理机制。目前，我国俱乐部的运行机制和管理机制存在一定程度的不足，未来几年，中国电竞行业仍然是一个构建规范和解决行业成熟度问题的阶段。

（六）拓展媒体沟通渠道

目前，我国电子竞技的受众群体极为庞大，18到35周岁的人对其具有较高的兴趣。在宣传电子竞技信息时，传统媒体的宣传工作会有一定程度的限制，导致参与电子竞技的相关人员对电子竞技愈发关注重视，而无法客观理解电子竞技的人群则会对电子竞技一直采取消极态度。2018年，中国电竞战队出征亚运会，IG战队在《英雄联盟》全球总决赛夺冠，这一消息在社交平台掀起巨量传播。用户从核心到广泛，赛事信息从源头获取到赛后传播，社交渠道都是最重要的一环。如何既科学应用现代新媒体技术，又强化传统媒体传播效能，在国家改革发展过程中实现电子竞技运动行业运行的良性发展，这需要我们积极宣传电子竞技的正面影响力，发掘电竞职业选手拼搏夺冠、刻苦训练的正向效应，引导青少年电竞爱好者关注中国电竞游戏开发中更深层次的传统文化底蕴，逐渐转变主流社会对电子竞技的偏差性评价。

（七）强化团队协同意识

在我国社会经济高速发展过程中，人们对于精神世界提出了更高的要求。互联网技术和电子计算机的高速发展使现代人的娱乐方式发生了很大程度的改变。基于电子经济实现的新型游戏方式和运动方式已经得到了现代人的广泛关注。虽然电子竞技是基于网络和计算机进行，但是游戏参与者之间的较量依旧是其游戏的本质，对操作者的团队配合能力、反应能力以及思维能力都带来了很大程度的挑战。对于电子竞技选手而言，需要具备一定的反应能力和思维能力，电子竞技操作人员必须确保具有快速的应变能力和敏捷的思维。在此过程中，团队协作能力也具有不可或缺的重要价值，在具体开展电子竞技运动时，大多数项目均为团队合作，相关参与人员需要具有较强的协作能力。以此为基础，才能使其在运动中获得胜利。无论是职业选手还是电竞爱好者，都能够在这项运动中获得一定程度心理需求的满足，电竞从业人员要强化团队意识的积极作用，引导电竞参与群体发挥正能量，建立正面的社会形象，从而形成更健康的社会生态环境。

第三节　电子竞技产业的价值呈现

一、电子竞技产业的政治价值

经济全球化的不断推进和跨文化交流的日益密切，使文化、意识形态等体现的软实力相较于经济、科技、军事、资源等有形的硬实力，在当今世界"和平与发展"的背景下所发挥的作用比以往突出，更能以无形的渗透性达到硬实力所无法企及的作用。发展作为文化软实力物质基元的文化经济[①]，已成为世界各国提升软实力和参与综合国力全球化竞争的重要手段，电子游戏与报刊、书籍、电影、动漫等文化产品一样，成为西方发达国家实行"文化殖民"的重要载体。

西方发达国家依托其强大的经济实力和先进的科学技术，借助其自身的文化强势地位，将隐含西方社会价值观念、意识形态、行为方式及文化消费倾向的文化产品，输出到其他国家和地区，对其进行文化渗透和扩张，通过文化霸权主义的推行，进一步达到影响世界事务和其他国家内部发展的目的。由于电子竞技产业的发展对文化的资本利用和高新电子科技发展的依赖性、黏附性更强，因此西方发达国家在电子竞技产业领域的强势地位得到了强化，DCTA、《英雄联盟》《星际争霸》《坦克世界》《反恐精英》《穿越火线》等流行电子竞技项目的研发与运营，几乎被国外游戏运营商所垄断。而世界电子竞技大赛（WCG）、职业游戏大联盟（MLG）、电子竞技世界杯（ESWC）等全球性的电子竞技大赛，Twitch等独立的热门竞技直播平台，也多为美国等西方国家和

[①] 欧阳友权，纪海龙. 国家软实力的文化根脉与产业逻辑［J］. 社会科学战线，2013（2）：147–152.

韩国、日本等东亚国家所有，这种产业的主导地位进一步强化了这些国家在该领域内文化输出的话语权和地位，极大地威胁了我国的文化安全与文化主权。

当前，我国电子竞技产业主要影响的群体和消费群体多为青少年。其中，学历在本科及以上的群体是电子竞技游戏玩家的核心群体，由于他们正处于世界观、价值观的成型时期，对于新观念、新思想缺乏甄别能力，所以容易对当前大多数电子竞技游戏、电子竞技比赛和电子竞技媒体平台等载体所传递的以西方中心主义为基础的价值观念、社会制度、行为方式等文化形成认同，甚至对维系国家、民族生存发展的社会主义制度、意识形态等产生怀疑和否定。这不仅会造成青少年的价值标准混乱和精神困惑，也会在一定程度上对我国的文化安全和社会稳定构成威胁。为此，大力发展电子竞技产业，进一步推动优秀电子竞技游戏的研发与设计，举办具备国际影响力的电子竞技赛事，打造拥有国际话语权的电子竞技传播平台，逐步打破西方发达国家的垄断格局，掌握电子竞技行业的主导权，对我国有重要的政治意义。

▎二、电子竞技产业的经济价值

PC 设备软硬件技术的迅猛发展和网络的快速普及，带动了线上游戏的蓬勃发展，而数字技术和互联网技术的广泛运用，则进一步催生了电子竞技。随着电子竞技运动的逐渐普及、全球性电子竞技赛事平台的不断完善和产业商业模式的日渐成熟，电子竞技产业的市场规模在持续扩大。电子竞技产业已经成为许多国家振兴经济的新"金矿"。以韩国为例，在政府支持下，韩国的游戏厂商、赛事方和电子竞技媒体都得到了巨大发展，电子竞技产业已成为韩国第三大支柱产业。

电子竞技产业涉及信息技术运用的科技性、服务内容形式的多样性和运营模式渠道的整合性，这些使得电子竞技产业的产品与服务广泛地渗透并融合体育产业、信息产业、娱乐产业、文化产业等产业。这些产业与电子竞技产业间所激发的联动效应，促进了电子竞技产业的发展。除了能带来游戏产业价值的巨大增值外，还通过产业的延伸产生利润乘数效应，推动不同领域内多个利润增长极的形成，实现产业规模的扩大，达到经济效益的最大化。

从游戏产业的发展来看，中国游戏产业的各个细分市场发展逐渐明朗，客户端游戏与网页游戏市场份额同时下降，移动游戏继续保持高速增长，家庭游戏机游戏尚处于布局阶段。大力发展电子竞技产业，以数量庞大的玩家市场带动大型多人在线（Massively Multiplayer Online，简称MMO）类游戏产业的进一步创新与发展，这不仅能够提升游戏产品的规模效应，还能够带来巨大的商业利益。

从电子竞技赛事的运营来看，近年来高涨的比赛奖金进一步激发了电子竞技爱好者参与和观赏赛事的兴趣。除游戏研发商、网络游戏运营商与游戏平台以外，广告赞助商、媒体、电子竞技职业化俱乐部也广泛参与，使电子竞技赛事运营的商业模式不断成熟，其商业价值在企业赞助、广告收入、门票收入、游戏厂商市场活动等多个方面逐步凸显。

从电子竞技的视频产业看，电子竞技赛事的筹办与推广进一步带动了电子竞技视频产业的发展。特别是随着以"虎牙"等电子竞技直播为代表的直播平台的兴起，使电子竞技比赛实况越来越受到玩家的喜爱和追捧。

此外，电子竞技产业的发展能够有效推动上游硬件电子厂商和下游竞技游戏衍生产品制造商的发展。由于电子竞技所涉及的游戏大多是大型的、结构复杂的、持续多人的在线游戏，因此，其对电脑等游戏电子产品的配置要求往往比一般用途的配置要求高。硬件厂商为了满足专业玩家的需求，加大对游戏领域的投入，不断细化产品定位，为电子竞技游戏研发设计专供产品，包括游戏CPU、游戏显卡、游戏显示器、游戏主板等。近年来，电子竞技产业的快速发展和庞大的用户基础极大地带动了硬件厂商的发展，仅专业玩家使用的显卡一年就有数亿元的市场。以电子竞技游戏、战队为主题的玩具、音乐、图书等不同形式的衍生产品，也随着电子竞技的大热，为传统制造商带来新的发展契机，推动产业的发展。

三、电子竞技产业的社会价值

电子竞技是信息技术与竞技运动结合的产物，它不仅具有体育运动的特征与属性，而且对参与者在手眼的协调性、反应的灵敏性、思维的逻辑性、认知的全面性和社会交往的交互性等方面都提出了较高的要求。因此，发展电子竞技产业具有重要的社会价值，它能在有效传递体育精神的同时，体现出促进智能开发、拓宽知识获取渠道、推进道德教化、培养审美情趣以及促进心理健康等价值。

第一，电子竞技作为一种新型的体育运动，参与者需要重复机械练习与运用鼠标及键盘、反复锻炼与强化手眼的协调能力，体现了电子竞技运动对体能和运动技能的外部追求；参与者在竞技比赛中对于夺冠或胜利的孜孜追求，诠释了其拼搏与进取的精神，以及对"更高、更快、更强"的核心价值追求；竞技过程中参与者为获得更高积分或实现通关而对竞技游戏的重复性适应锻炼，则展现了"重在参与，永不放弃，永不气馁，永不低头"的体育精神内涵。此外，电子竞技冲破了传统体育在场地、运动员体能高低等方面的限制，很多残疾人可以不必顾虑身体因素，拥有与正常人同场竞技的机会和同等的获胜潜力，这种广泛的全民参与性和公平性，使得电子竞技在传递体育精神与体育功能上的价值甚至超过了传统体育项目。

第二，相较于传统的体育竞技项目，电子竞技的参与性、复杂性与交互性更强。在参与竞技游戏的过程中，玩家通过扮演冒险家、科学家、发明家、政治领袖、刺客、狙击手等不同角色，带着这些角色所承载的责任与使命，参与到不同的虚拟情景中，遇到问题、作出决策、分析结果，按照自己的节奏推进游戏。在这一过程中，不仅会涉及视觉空间、感知识别、直觉思维、自我认知及人际关系等方面的有效思维，还需要参与者借助语言认知、数理分析与逻辑推断，以及以往的策略战术与技术储备来进行判断、决策，并及时作出反应，参与者对全局的把握和细节的处理有时甚至会直接影响到比赛结果。从这个意义上说，电子竞技对参与者在注意力、观察力、记忆力、思维力、反应力、自制力等方面的能力进行挖掘与训练，进一步促进其智能开发，使之能够在面临复杂多变的现实情况时，更容易面对与适应，并进行有效的问题分析和作出及时的决策。加之，电子竞技运动作为人与人之间的对抗性体育运动，其较强的交互性使得电子竞技在推进个体发展的同时有助于群体教育。大多数的电子竞技项目都要求玩家组队参与，强调队员之间的通力合作，通过默契的配合、策略的使用来达成共同的目标与任务。这个长期磨合、群体战斗的过程，有助于参与者形成合群、协作、尊重、包容等良好品质。

第三，电子竞技所涉及的操作与内容的广泛性和多样性，在一定程度上拓宽了参与者的知识获取渠道，有利于丰富参与者的知识体系。一方面，电子竞技运动是以信息技术为载体，由平台开展的特殊项目，其能够在选手收集赛事信息、参与竞技比赛及查找游戏攻略等行为过程中，潜移默化地培养和训练选手的计算机操作能力、信息收集与处理等信息技术能力，而竞技所需不同软硬件设备的装配与应用也强化了竞技玩家在相关方面的认知与学习。另一方面，当前电子竞技游戏项目数量众多，种类丰富，游戏人物的设定、背景的设置等方面的内容，涉及历史、政治、经济、文化、社会等诸多方面，参与者在获得游戏临场感的同时，也无意识地强化了知识的学习。如游戏《刺客信条：大革命》，是以18世纪法国大革命时期的巴黎为背景的，游戏制作公司以史实为基础，在游戏中1:1还原了18世纪巴黎的历史风貌，使竞技玩家在游戏过程中能够直观地了解巴黎过去的风景与特色，更好地感受当时的生活，仿佛历史版的谷歌街景，在这里游戏成为学习历史的一种方式。再如策略类竞技游戏《三国杀》的人物设定，能够有效深化竞技玩家对三国人物及其之间关系的了解。此外，甚至有一些竞技游戏是直接以课程教学或研究为主要目的而研发的，如财务知识游戏《名人灾难》、蛋白质折叠游戏 Foldit 等，其中 Foldit 游戏自 2008 年 5 月全球开放下载以来，通过多人联机竞技，破解了诸多蛋白结构。2010 年 7—8 月，研究组分别在两大顶级期刊《自然》（Nature）和《科学》（Science）发表研究成果，并于 2011 年在《自然》系列的子刊 Nat Struct Mol Biol 上发布了一种猴类艾滋病毒相关蛋白 M-PMV 结构的解析。该游戏的竞技为研究蛋白结构提供了新的知识渠道，实现了对蛋白结构研究的有效推动。

2015 年 8 月，素有"史学奥林匹克"之称的国际历史科学大会在山东济南举办，而针对大会的各项宣传推介也以各种方式，在两千余名历史学家、四五百名青年学生、成百上千名青年志愿者，以及关心历史科学大会的有关人士中进行。围绕历史科学大会所涉及的主要内容——国际历史科学大会的组织发展史，"全球视野下的中国""历史化的情绪""世界史中的革命：比较与关联""数码技术在史学中的运用"等大会议题，以及向达、朱希祖、蔡元培、傅斯年、胡适、顾颉刚、刘大年、季羡林等著名学者积极推动中国历史科学大会的交流历史，此外还综合考虑了具有中国深厚历史文化底蕴的大会举办地、有"一山一水一圣人"之称的山东历史文化传统与风土民情、济南独特的泉水文化、山东大学的历史学研究传统与公众史学知识普及等方面情况，相关部门开发了一款本届国际历史科学大会知识竞技的小型 APP（包含中、英、法等多个语种，参照《脑力达人》的游戏模式），按照不同的历史文化知识组成多样化的游戏模块，同时建立起独特的好友系统，通过 APP 更新一些相关的与会信息，使其成为大会的一道独特的移动文化景观。这样的电子竞技游戏是一种有效的文化知识传播工具，让参与者在轻松愉悦的状态下熟知不同文化的内涵、体验不同文化的乐趣。

第四，电子竞技的规范性、公平性及竞争性还能够为推进道德教育提供新的渠道。一方面，以特定比赛规则为导向的电子竞技能有效地将参与者在游戏中对规则的遵循延伸到对现实社会的遵循。另一方面，竞技比赛的公平性、竞争性及游戏中所体现的善恶分明价值观有利于激发选手认知和信念上的道德感，在游戏过程中不断强化，并内化为道德意志与道德行为，进一步为现实生活提供指导。

第五，电子竞技游戏项目中精细的角色画风、质感的画面呈现、优美的场景设计、和谐的色彩调配、多维的视觉效果、极致的音效享受，以及精彩的游戏情节等，也有助于培养竞技玩家的审美情趣，提高其对美的鉴赏力和创造力，使其获得独特的审美体验。不仅如此，电子竞技玩家在参与竞技项目或观看电子竞技比赛过程中获得的角色代入感、场景临场感、竞技交互性及游戏的趣味性，不但有助于调节情绪、释放压力，使工作或生活中的不良情绪得到有效释放，而且还能增进个体或集体之间的沟通与交流，在一定程度上有助于降低抑郁症、焦虑症、偏执等心理疾病的发病率，促进心理健康。

第三章　电子竞技产业链分析

第一节　电子竞技产业的核心

一、电子竞技赛事运作机构组成

任何一个成功、完善的体育赛事都离不开职业的组织与规划，无论多么优秀的计划都需要一个确定的主体去执行。当我们确定举办一场电子竞技赛事以后，无论规模大小，在筹备阶段需要做的第一件事情就是建立起该项赛事的组织运作机构。

电子竞技赛事可分为多种，那么由于赛事种类划分的不同，其组织运作机构在规模与职能上也会有差异，但总体的架构并不会发生太大的改变。接下来，我们将具体介绍电子竞技赛事运作机构的名称与职能。

（一）建立赛事的组织运作机构

前文提到的，任何一个成功、完善的体育赛事都离不开职业的组织与规划，都需要一个确定的主体去执行，但电子竞技赛事的执行主体并不一定是单一的个体。当电子竞技赛事的主办单位自己承担赛事运作时，赛事的主体就是主办单位自身，而当主办单位将该项赛事交由其他单位完成之时，该承办单位就是赛事的执行主体。在大型的电子竞技赛事中，通常都由主办单位与承办单位共同成立组委会，组成赛事的组织运作机构。在成立组织运作机构时，要结合各种不同电子竞技赛事的实际情况，对各部门机构进行设置。分配的部门或个人要与各自职能相匹配，与运作方式相对应，工作分配要协调，工作量大小与操作难度要适中，以便于日后的执行与统筹。

1. 制订方案

由赛事执行主体共同制订赛事的组织方案，为有可能面对的各项工作制定详细的工作行动准则，并将各项工作详细分配到对应的部门或个人。例如，竞赛工作、保障工作、资金筹集工作和宣传工作等如何才能有效地开展，要设立哪些部门或个人负责对接，在工作过程中遇见突发状况如何解决等。该组织方案要有一定的指导性、纲领性和可操作性，要包括做什么、怎么做、谁来做等。

此外，严苛的规章制度也必不可少。组委会需要制定一套详细的办事规程和行动准则，用以规范各部门的日常作业。例如，利用考核制度、审核制度等来提高各组织机构的办事效率，利用财政监管制度、设备管理制度等对各组织机构进行一定的监督，利用奖惩制度来提高各部门的工作积极性等。

2. 部门确认

在组委会制订方案后，根据各项工作的分配，需要组织起对应的部门来完成。一般来说，我们大抵可分为四个部门——商务部门、宣传部门、竞赛部门、后勤部门。在赛前筹备阶段，商务部门根据赛事资金的需求，通过市场开发、引进赞助商、众筹等一切可利用的资源或渠道，有效地筹集电子竞技赛事运作所需的资金。然后由宣传部门以微博、网页、海报等形式对赛事进行一系列的宣传推广，吸引更多的参赛者和观众。赛中执行阶段，竞赛部门负责一切赛事活动的开展和组织，制定比赛的规则、检查设备的完善，以及竞赛现场突发情况的应急和处理等。后勤部门则是所有部门运作的保障，为商务部门提供需要的资料，为宣传部门制作宣传物料，为竞赛部门提供设备等。

3. 人员确认

对于电子竞技赛事的组织人员来说，每个人都有很大的工作量，工作涉及面广、跨度大，所以，根据电子竞技赛事的组织运作架构，以及各人员之间的职能来分配工作人员到岗到位是非常重要的。除了分配所有工作人员到上述四个部门之外，赛事组织机构还要对人员进行类别上的划分，如管理者、执行者、监督者、技术官员等。此外，对于一些大型的电子竞技赛事来说，工作人员还可以分为主要工作人员、兼职人员及志愿者。类别划分的作用在于进行职能划分，使工作量大小分配能够有据可依。

（二）赛事的商务部门

筹集资金是组织一场电子竞技赛事的重要环节，是电子竞技赛事能够成功举办的重要保障。对于电子竞技赛事的组织机构来说，赛事资金的筹集通常是由商务部门承担的。在电子竞技比赛筹备之初，商务部门需要根据赛事的规模和要求，预估出具体需要的资金，通过市场开发、引进赞助商、众筹等形式筹集到赛事所需的资金。

1. 市场开发

市场开发的收入主要依靠门票预售、媒体转播、特许经营等形式。简单来说，市场开发就是商务部门利用电子竞技赛事所拥有的各种资源，通过市场交换行为，为电子竞技赛事创造收入的过程。

2. 引进赞助商

赞助商的主要赞助形式有冠名比赛、广告植入、商标宣传等。利用电子竞技赛事日益增长的用户规模，赛事在其举办期间对赞助的企业进行一定的正面宣传，可达到提高知名度、扩大影响力的作用。目前，电子竞技赛事越来越商业化，但仅靠市场开发还远远不能满足赛事的自给自足，企业的赞助资金是目前电子竞技赛事的主要资金来源。

3. 众筹

众筹是指由电子竞技赛事组织机构发起，在一定的商业平台上向群众募集赛事资金的一种方法。在电子竞技赛事中，最为成功的众筹案例为维尔福软件公司每年夏季举办的 DOTA 2 国际邀请赛，主办方通过游戏内出售赛事手册，并将所得收入的一部分纳入赛事奖金池的方式，使得国际邀请赛一跃成为目前世界上奖金最高的电子竞技赛事。

（三）赛事的宣传部门

电子竞技赛事宣传部门的主要职能是以网络、电视、实物为媒介，对赛事进行一系列的推广活动。赛事的宣传是使该电子竞技赛事的相关信息为大众所知的重要方式，利用较大的宣传力度与优秀的宣传手段可以提高该项赛事的知名度，扩大该项赛事的影响力，电子竞技赛事宣传的重要性不言而喻。赛前筹备阶段，宣传部门的主要宣传目标为吸引大量的参赛者与观众，宣传内容主要为赛事的时间、地点、赛程、赛制等相关内容，向参赛者宣传报名日期、报名方式，向观众宣传观赛方式、门票售卖方式，向各大媒体宣传赛事的具体介绍。赛中阶段，宣传部门对赛事进行电视或网络转播，满足线上观众的观战要求。赛后阶段，宣传部门通过发布赛事获奖信息，制作精彩集锦、录制选手或战队的 VCR（Video Cassette Recorder）等方式对赛事进行全面报道，保持一段时间内的比赛热度，加深观众的印象，为下一届的比赛做充分的准备。

（四）赛事的竞赛部门

电子竞技赛事的竞赛部门负责一切赛事活动的开展和组织，如制定电子竞技比赛的赛程赛制、比赛规则，赛前检查设备、完善网络，以及负责电子竞技赛事工作现场突发事件的应急和处理等。虽然竞赛部门的组织没有固定模块，但是它与竞赛的规模、规格及赛事种类息息相关。在组成竞赛部门时，我们通常将人员划分为"比赛区域内人员"与"比赛区域外"人员两大类。

1. 比赛区域内人员

比赛区域内人员主要负责电子竞技赛事本身的流程。例如，导演或赛场总执行，负责协调比赛区域内所有工作人员的工作，统一指挥；裁判，是所有体育赛事顺利实施的重要组成人员，所有裁判都必须熟悉比赛相关的赛制规则和统一判罚的尺度；主持人，负责串场播报比赛项目，衔接比赛与表演之间的空隙；解说，负责了解该项目的游戏，实时播报比赛战况，对比赛进行战术打法、心理博弈、配合程度上的解析等。

2. 比赛区域外负责人员

比赛区域外负责人员则负责与比赛相关的综合保障工作。例如，设备网络维护人员，在赛前对设备与网络进行安全测试，在比赛时对突发状况进行及时的处理；医疗卫生人员，提供相应的医疗救护准备工作；安全保卫人员，为参赛者与观众提供一个安全的比赛与观战环境；此外，还包括清洁卫生人员、接待人员、志愿者等。区域外工作人员的工作较为复杂、零碎，需要有专门的负责人进行统一的调配。

（五）赛事的后勤部门

电子竞技赛事的后勤部门并不直接参与赛事的组织，其本身主要为其他赛事的组织部门服务，是对其他部门工作的良好补充，也是所有赛事组织运作的一个强大的后勤保障。例如，在商务部门进行市场开发时，后勤部门需要制作门票以供销售；搭设直转播区域供媒体转播；收集相关赞助企业的信息，供商务部门筛选、谈判等。在宣传部门进行工作时，后勤部门需要制作相应的宣传物料供宣传部门使用，如海报、易拉宝、签名墙等；在制作时，要从内容、实物、尺寸、数量等多方面考虑，制作出符合宣传部门要求的物料。在收到各种参赛报名信息后，后勤部门也要对该电子竞技赛事各项目的报名个人或战队进行统计，一方面统计各个项目的人数，以对赛事规模进行预估。另一方面统计个人或战队队长、领队的联系方式，方便沟通。在竞赛部门运作时，后勤部门提供良好的网络与符合比赛要求的电子设备，搭建舞台、对战房、大屏幕等。

二、电子竞技赛事发展的有利条件

（一）经济环境的支持

经济环境是指产业生存或发展过程中所必须考虑的经济条件、经济特征、经济联系等各种因素。近年来，中国人均可支配收入不断增长，在参与电子竞技活动及观看电子竞技赛事上的消费能力逐渐提高。电子竞技观赛者不满足于简单的线上观看比赛,更多人愿意购买门票前往现场观看比赛。

电子竞技产业受市场热捧,许多业内人士纷纷投资电子竞技市场。从早期三星赞助 WCG 开始,厂商独家主导模式的第三方赛事层出不穷,如后来华硕赞助 WGT(World Gamemaster Tournament,世界电子竞技大师赛)、联想赞助 IEST(International Electronic Sport Tournament,国际电子竞技锦标赛)和阿里赞助 WESG(World Electronic Sports Games,世界电子竞技运动会)等,大批赞助商的进入为电子竞技赛事的开展提供了丰厚的资金,赛事的规模和影响力得以进一步扩大。

(二)政策风向的改变

在电子竞技赛事后两个成长阶段里,国家政策的扶持起到了非常重要的作用。2003 年,电子竞技被国家体育总局列为第 99 个体育项目,2008 年被改批为第 78 个正式体育竞赛项目。从此,电子竞技不再是人们口中单纯的娱乐休闲游戏,而是往正规化、职业化大步迈进的体育项目。

2014 年,WCA(World Cyber Arena,世界电子竞技大赛)永久落户举办地银川,地方政府开始参与电子竞技赛事,与城市产业契合挂钩。国家越来越重视发展文化体育产业,相继出台了一系列支持政策,鼓励创新发展,文化体育产业成为城市综合竞争力的重要体现。政府部门不仅加强了对电子竞技行业的引导和规范,而且还带头举办了全国移动电子竞技大赛(China Mobile E-sports Games,简称 CMEG)、全国电子竞技大赛(National Electronic Sports Tournament,简称 NEST)等大型电子竞技赛事。

2015 年,国家体育总局印发了《关于推进体育赛事审批制度改革的若干意见》,提出了赛事审批制度改革的主要措施:认真贯彻落实国务院《关于加快发展体育产业促进体育消费的若干意见》(2014 年),取消商业性和群众性体育赛事审批;除全国运动会、全国冬季运动会、全国青年运动会等全国综合性运动会，以及涉及国家安全、政治、军事、外交等事项的少数特殊类型体育赛事之外，其他赛事一律无须审批。这些举措降低了电子竞技赛事的举办门槛。2016年4月27日，国家发改委、教育部、工信部等24个部门联合发布《关于印发促进消费带动转型升级行动方案的通知》，该通知明确提出要"开展电子竞技游戏游艺赛事活动"，"加强组织协调和监督管理，在做好知识产权保护和对青少年引导的前提下，以企业为主体，举办全国性或国际性电子竞技游戏游艺赛事活动"。

（三）直播平台的兴起

2004年，国家新闻出版广电总局（2018年改为国家广播电视总局）发布《关于禁止播出电脑网络游戏类节目的通知》，规定各级广播电视播出机构一律不得开设电脑网络游戏类栏目，不得播出电脑网络游戏节目，中国电子竞技赛事的传播和推广只能从网络直播中突破。在2014年前后诞生的六大直播平台，为电子竞技的传播和变现带来了新的机遇。

首先，直播平台解决了主流电视媒体对电子竞技赛事传播缺失的问题。借助直播平台千万级别的日活跃用户数量，电子竞技赛事不仅能更加广泛地在玩家间传播，也能吸引一些潜在的电子竞技观众，使赛事的影响力成倍放大。

其次，直播平台产生的粉丝经济极大地改善了电子竞技选手和主播的收入状况。在直播平台兴起之前，电子竞技选手的收入来源相对单一，主要包括比赛奖金、俱乐部工资和签字费；而通过直播平台，电子竞技选手还能通过"粉丝打赏+淘宝店+签约费"的方式进行变现。由于直播平台本身对优质直播内容的依赖性较强，所以主播的竞争异常激烈，在资本的强势介入下，游戏主播的身价水涨船高，其年收入上千万的消息早已不绝于耳。这不仅使电子竞技选手的社会地位得到提高，也吸引了越来越多的人投入电子竞技产业中来。最重要的是，直播平台缓解了困扰电子竞技赛事多年的变现问题，为电子竞技选手退役后的生活提供了更多出路。

（四）技术环境的优化

最早的电子竞技赛事里，人们仅仅盯着《太空大战》屏幕上的两个球和一条线就可以乐此不疲。现如今，高速发展的电子技术给了人们更好的视觉、听觉体验，给人更真实的感觉。各观战系统、观战平台的优化，改善了人们观看电子竞技比赛的体验。

电子技术的进步还给电子竞技赛事带来了移动端、PC端、平板等端口接入的开发，更多平台电子竞技游戏的涌入，为未来的电子竞技赛事带来了无限多的可能。

三、电子竞技赛事的商业模式

现阶段的大型电子竞技赛事已经具备足够的关注度，通过各种营销手段能够获得丰厚的收入，但赛事的收入与支出相比仍然极度不平衡。我们将电子竞技赛事比作一条链子，在这条链子上，有些环节已经被深度地挖掘、开发，有些环节还没有被我们所知，等待着我们去发现。我们有理由相信，随着电子竞技赛事模式的改革与创新，越来越多的潜在商业价值会被开发出来，未来的电子竞技赛事也必将实现大规模的盈利。

电子竞技赛事的目标不同于简单的体育事业目标，一般体育事业的主要任务是满足人民身心健康、精神文化上的需求，而电子竞技赛事一方面要满足人们对于电子竞技内容的需求，还有一个重要的目的则是获取一定的经济收益，因而具有一定的商业性质，需要专业的商业化运作。电子竞技赛事作为电子竞技产业的核心，它的发展离不开产业的发展，而一个产业想要可持续发展就需要成熟的市场营销模式。

电子竞技赛事的营销是指主办方或赛事利益相关者为了扩大赛事对消费者的影响所实行的策略，通过消费者的情感定位销售，尽可能突出自己的赛事品牌，建立创新的沟通渠道。商家希望通过一些运营手段，能够在消费者和自己的品牌之间建立积极的关系。无论电子竞技赛事的种类与大小，电子竞技赛事营销都越来越受到主办方和商家的重视和青睐。基于这样的逻辑，以利益相关者—渠道—手段为分析框架，来探讨电子竞技赛事的市场营销模式，从而剖析赛事发展中的新形势与新亮点，可以为电子竞技赛事的转型升级与未来走向提供最具现实性和针对性的战略导向。

（一）电子竞技赛事的利益相关者

在新经济环境下，人与人、企业与企业之间的联系越来越紧密，呈现的形式越来越多样化，这些联系造就了一个个利益相关体。利益相关者之间可以有直接的经济利益往来，也可以通过互相影响或是合作共同发展。电子竞技赛事的成功举办离不开利益相关者的支持，从过往的电子竞技赛事组织经验来看，电子竞技赛事的利益相关者在整个赛事中起到了重要的作用。利益相关者理论现在被广泛应用于经济学与管理学之中，它的兴起源于实践中对"股东至上"理论的质疑和批判。这一概念最早出现在1963年，斯坦福研究所的一批经济管理学家提出了利益相关者管理理论。该理论认为，任何一个事物的发展都离不开各利益相关者的投入或参与，我们追求的应该是利益相关者的整体利益，而不只是某些主体的利益。一场电子竞技赛事从赛前、赛中到赛后整个过程中，所有参与其中的关联人、企业、组织都可以纳入电子竞技赛事利益相关者的界定范围中。电子竞技赛事是一个相对庞大的工程，电子竞技赛事的规模越大，牵涉的人与组织也就越复杂。想要举办一个成功的电子竞技赛事离不开这些人与组织的支持，这些人与组织便是电子竞技赛事的利益相关者。

电子竞技赛事的利益相关者具有一定的变动性，根据电子竞技赛事的种类和规模不同，其主要的利益相关者也会不同。随着电子竞技赛事的高速发展、赛事运营模式与管理机制的改革，利益相关者也会发生一定的改变。目前，电子竞技赛事的利益相关者大致有主办方、承办方、赞助商、媒体、观众、参赛者等。按照这些利益相关者的重要性，可将他们大致分为三类：核心利益相关者、潜在利益相关者、边缘利益相关者。

1. 核心利益相关者

（1）主办方、承办方。赛事的主办机构决定了该电子竞技赛事的规模和地位，主办机构制定了该项赛事的赛时、赛程、赛制等，是整个电子竞技项目的核心运营机构和管理机构。对于一场电子竞技赛事而言，无论赛前、赛中还是赛后，赛事的主办机构都会参与其中，负责从赛前筹备到赛中执行和赛后总结收尾的所有工作。所以，主办机构是电子竞技赛事能否成功举办最重要的影响因素，也理所当然成为最核心的利益相关者。随着电子竞技赛事的发展，赛事的主办机构与执行机构，也就是通常所说的主办方与承办方，有时候并非单一的个体。例如，WESG的分赛区赛事是由阿里体育主办，由招标选中的专业赛事运营公司进行承办。

（2）赞助商。现如今，电子竞技赛事与赞助的联系日益密切，无论是何种类型、何种规模的电子竞技赛事，赞助商都已融入其中，成为必不可少的一部分。赞助商通过给电子竞技赛事提供必要的资金、设备、场地或相关服务来享有某些独特的赛事权利，如冠名权、广告宣传等；同时，电子竞技赛事也获得了大量的经济收益。所以，从本质上来说，赞助是赞助商与赛事之间的资源交换与合作的方式。对于一个电子竞技赛事而言，举办的过程需要耗费大量的人力、物力，尤其是当今社会上的一些大型电子竞技赛事，它们耗资巨大，收入与支出极度不平衡，短时间内难以自给自足。赞助商的赞助是电子竞技赛事的最大经济来源，如果没有赞助，赛事将难以维持下去。所以，赞助商是除了主办机构和执行机构以外的另一个核心利益相关者。

2. 潜在利益相关者

（1）参赛者。电子竞技赛事的参赛者同样也是赛事的重要组成部分，参赛者赛场上的竞技状态与成绩是整个赛事最直观的表现。电子竞技赛事的诞生源于人们对于电子竞技内容的需求，参赛者所表现出的竞技水平影响了整个赛事的观赏价值。电子竞技赛事能以其独特的魅力吸引众多观众、赞助、媒体的关注，这主要得益于参赛者的努力。

（2）观众。电子竞技赛事的观众包括线上观众和线下观众，与参赛者一样，观众也是赛事的重要组成部分之一。与参赛者的精彩发挥能够吸引到大量观众一样，庞大的观众群体同样也是吸引赞助商、媒体等的重要因素之一。一方面，线下观众购买门票直接增加了电子竞技赛事的收入。另一方面，线上观众的热情与观战人数决定了赞助商的赞助规模，以及直转播权限的价格高低。观众尽管并不直接影响赛事的进程，却能够通过影响其他的利益相关者间接对赛事造成一定的影响。

（3）媒体。随着时代的发展，媒体和电子竞技赛事的合作越发紧密。众多电子竞技赛事得以打破时间、地域的限制，呈现给世界各地的观众，离不开媒体的帮助。媒体的作用也不仅体现在赛事的直转播与报道上，更能通过积极的引导，改变社会舆论的导向，激发人们关注、参与电子竞技赛事的热情。尽管目前中国电视媒体还不能对电子竞技赛事进行直转播，但是技术的革新和网络平台的大量出现打破了这一障碍，媒体为电子竞技赛事的飞速发展作出了卓越的贡献。

3．边缘利益相关者

（1）工作人员。毫无疑问，赛事主办机构是核心利益相关者，其中工作人员的作用不容忽视。即使有再核心的机构、再完善的计划，没有适合的工作人员去执行，也是纸上谈兵。无论功能大小、职能高低，工作人员的辛勤劳作都是赛事是否能够按计划实行的关键。例如，裁判员要以公平、公正、公开的原则维护竞赛规程，安保人员要尽心尽力地维护赛场秩序，清洁人员要细心地为参赛者与观众提供一个整洁的比赛和观赛环境，等等。

（2）社会环境。电子竞技赛事不同于传统体育赛事，它的举办涉及方方面面，尤其是大型的电子竞技赛事，需要社会各方面的共同努力。电子设备技术的革新与改进是电子竞技内容越来越丰富的有效助力,电子竞技场馆的建设让赛事有了归属地,社会舆论风向的改变让更多人认识电子竞技、理解电子竞技,并最终参与进来,社会经济的发展为电子竞技赛事乃至整个电子竞技产业提供了良好的生存环境。社会方面的因素又多又杂,也许有些因素对电子竞技赛事的影响微乎其微,但我们仍不可忽视它们的作用。

(二)电子竞技赛事的营销渠道

了解了电子竞技赛事中常见的利益相关者,并对其进行详细的分析与分类后,我们对电子竞技赛事的相关利益关系也有了初步的认识。不仅如此,我们还需要思考,怎样通过和电子竞技赛事的利益相关者合作获得一定的收入。我们与利益相关者之间并不是单纯地索取而达到盈利,而是通过资源优势的互换,形成一定的合作关系,各取所需,最终达到双赢的目的。

1. 电子竞技赛事的赞助

当今,电子竞技赛事的赞助商主要以赞助现金和实物的形式进入,电子竞技赛事的规模越来越大,所需要的资金越来越多,但目前电子竞技赛事本身的变现渠道还不成熟,收入与支出严重不匹配,资金最重要的来源仍是赞助商。除此之外,一些赞助商还会赞助比赛需要的专业设备或一些实物作为获胜者的奖励。赞助商通过赞助现金、实物等形式支持电子竞技赛事后,也会获取一定体育赛事的权益。

2. 电子竞技赛事的门票销售

门票是观众观看电子竞技赛事、满足对电子竞技内容需求的一个重要凭证,同时门票收入也是观众给予赛事最直观的利益。电子竞技赛事里,门票分为线上和线下两种形式。顾名思义,线下门票类似于普通的体育赛事门票,是观众有权进入比赛现场的一个凭证。线下门票的特点是价格较高,数量受比赛场馆的限制,门票的版面设计可以容纳赛事的信息、赛事形象,并可以包含赞助商元素。线上门票则是游戏内购买的虚拟门票,观众可以通过游戏观战平台观看电子竞技赛事。线上门票的特点是价格较低,数量不受限制,打破了地域的限制,让观众即使不在现场也能身临其境。

3. 电子竞技赛事的直转播权限

直转播权限的开发是电子竞技赛事的又一重要营销渠道,由于政策上的限制,电视台不能播放与电子竞技有关的栏目、赛事。但近年来,随着各类网络直播平台的兴起,电子竞技赛事的直转播权开发也迅速得到了发展。目前,直转播权的开发大抵是指电子竞技赛事的主办方或其他赛事拥有者授予媒体权利,在一定时间或区域平台上直播、录播电子竞技赛事,并由此向媒体索求一定的经济收益。

直转播一方面可以增加电子竞技赛事的收入,另一方面也可以借机推广自己的赛事品牌。一个电子竞技赛事的观赏性越高、知名度越大,就越能吸引更多观众和媒体的关注,相应的直转播合约金额也就越大。如果电子竞技赛事的收入增多,赛事的组织就能越完善,从而获得更多的关注,形成一个良性的循环。

4. 电子竞技赛事特许产品开发

特许产品市场的开发是电子竞技赛事市场开发的新亮点,赛事主办方指定供货商生产和售卖与该赛事、电子竞技游戏有关的人物模型或纪念品等。特许产品的类型多种多样,如以赛事标志和 LOGO 设计的徽章、T 恤、邮票,以电子竞技游戏内人物为模型的纪念品,游戏内道具的实物等。这些产品的价格并不低廉,但是售卖情况依然可观。例如,第六届国际邀请赛中,虽然以月之女祭祀和风行者为原型的人物模型售价为 60 美元,约为人民币 430 元,但是在限时购买的时间里依然供不应求。

5. 电子竞技游戏内营销

电子竞技赛事的市场营销包含两种形式,一是指主办方将该赛事作为产品进行营销,另一种是主办方将该赛事作为载体进行营销。电子竞技赛事运营模式的差异是造成这两种营销模式的主要原因。第一种运营模式是第三方赛事，是由游戏的研发商与代理商以外的第三方所举办的赛事，主要目的是打造长期的赛事品牌，依靠赞助商、门票、转播、衍生产品等实现盈利。第二种运营模式是第一方赛事，是由游戏的研发商与代理商所举办的电子竞技赛事，主要目的是为宣传游戏本身，除了上述第三方赛事的盈利渠道外，还能依靠赛事带来的热度与关注度，通过电子竞技游戏渠道实现盈利。

概括来说，上述营销渠道分别是与利益相关者中的赞助商、媒体、观众合作产生的结果。从模式上说，第一种是主办方将电子竞技赛事作为产品进行营销，也是我们所说的第三方赛事的主要营销渠道。另一种模式是主办方将电子竞技赛事作为载体进行营销，是赛事与利益相关者中的主办方互惠互利的结果，也是我们所说的第一方赛事的主要营销渠道。

第一方赛事里，游戏的运营商与代理商是主办单位，它们的营销渠道除了上述第三方赛事所具有的渠道之外，还能通过举办电子竞技赛事延长游戏的周期，增加用户的稳定性，并在一定程度上激发玩家的热情，刺激游戏内消费，即使赛事的投入与支出并不平衡，游戏内的营销收入仍然能够填补赛事收入的空缺。每年的第一方大型赛事期间，各个游戏内的玩家在线人数及消费数额都会明显增加。以《英雄联盟》为例，在2016年第六届全球总决赛上，仅赛事期间皮肤与头像的购买量就创造了1840万美元收益。

（三）电子竞技赛事最重要的营销手段——网络营销

电子竞技赛事的网络营销是指以赛事资源为基础，以互联网为平台，对赛事的信息、规程进行一系列的宣传，扩大赛事的知名度和影响力，实现电子竞技赛事的整体营销战略。网络营销对于电子竞技赛事有很多积极的影响，为电子竞技赛事带来了更多的观众、赞助商和媒体，从而提高了电子竞技赛事的经济收益。网络营销能够最大限度地扩大电子竞技赛事的信息传播范围，增加受众群众的数量。由于电子竞技赛事的特殊性，传统受众范围与网络受众范围有很强的交互性与重叠性，且网络宣传的成本远低于传统宣传，所以网络营销是电子竞技赛事营销的重要手段。网络营销的主要渠道有官方网站、微博、微信等。

1. 官方网站建设

官方网站是电子竞技赛事在网络上最直观的形象，也是电子竞技赛事网络营销最重要的渠道。渠道主办单位可以通过官方网站发布赛事的相关信息，如比赛的主要介绍、时间、地点、赛程、赛制等，还可以向参赛者提供报名期限、报名方式，为观众提供观赛指南、购票服务。总的来说，官方网站需要囊括所有电子竞技赛事的相关资讯，使得所有人都可以通过官方网站了解到最新、最权威的赛事信息。

2. 微博营销

微博，即微型博客的简称，也是博客的一种，是一种通过关注机制，分享简短实时信息的广播式社交网络平台。电子竞技赛事的微博营销是指以微博为营销平台，通过发布电子竞技赛事相关信息，组织"微话题"、策划"微活动"等方式吸引微博用户关注赛事，从而树立电子竞技赛事良好的品牌形象，达到营销的目的。微博营销的特点有成本低、见效快、覆盖大、便捷性强、互动性强等。微博营销中往往要创造并传播大量与电子竞技赛事相关的热点话题，促成微博用户广泛讨论热点话题的形势和场面，以吸引微博用户关注电子竞技赛事的官方微博和相关微博，进而关注该赛事，并引起媒体、潜在赞助商、社会团体等的注意。

3. 微信公众号营销

微信支持跨通信运营商、跨操作系统平台，通过网络快速发送免费语音短信、视频、图片和文字。越来越多的企业在微信公众平台上申请应用账号，通过公众号，企业和商家可以在微信平台上实现和特定群体的文字、图片、语音、视频的全方位沟通、互动，形成了一种主流的线上线下微信互动营销方式。电子竞技赛事的微信营销是指赛事主办方利用微信公众平台，传递赛事新闻报道及相关信息，与电子竞技赛事关注者交流互动，从而强化电子竞技赛事的品牌知名度，扩大电子竞技赛事的影响力。电子竞技赛事的微信营销具有互动性强、个性化等特点。电子竞技赛事一般基于微信公众平台订阅号提供赛事资讯和信息，基于微信公众平台服务号提供赛事相关服务。

第二节　电子竞技产业的参与者

一、电子竞技俱乐部的发展历程与地位

电子竞技俱乐部在其整个发展历程中，经历了从玩家个人到战队或游戏公会的出现，再到最终的形成，电子竞技俱乐部行业在短短的20年内从无到有，并发展壮大。本章我们将详细介绍电子竞技俱乐部在国内的发展历程，以及其在整个电子竞技产业中的地位。

（一）电子竞技俱乐部的形成

说到电子竞技俱乐部的形成，不得不先说电子竞技俱乐部最为核心的组成部分——选手。尽管俱乐部的概念在传统体育领域、商业领域等早已出现，但是由于电子竞技运动出现较晚和电子竞技游戏发展的局限性，游戏中更多的是单人对战项目，所以选手们都是以个人为单位参加相关的电子竞技比赛。最初，选手们普遍被称为高端玩家，通俗的说法就是"大神"，还没有形成职业选手的概念。

1998年，《星际争霸》进入国内市场，网吧的普及、玩家群体数量的上升，使得玩家在游戏内的对抗越来越多，这时部分玩家会拉拢一些志趣相投、水平不低的玩家组成战队或游戏公会，然后每个人游戏内名称的前面或后面统一加

上符号或英文简写，突出战队或游戏公会的名称，与其他玩家形成区别。这时的战队或游戏公会更多的是以互联网交流为主，有着清晰的组织结构、权责划分及规章制度，这就是电子竞技俱乐部的雏形。《反恐精英》作为第一个以团队 5 VS 5（5 人对 5 人）形式对抗的电子竞技游戏，彻底促进了游戏战队的形成，战队的称呼开始逐步代替游戏公会。

随着游戏玩家数量的迅速增长，国际大型赛事出现了，赛事奖金也逐渐丰厚了许多。越来越多的玩家发现，成为一名职业选手可以维持自己的生计，同时他们也非常乐意看到高水平的对决，电子竞技职业化开始初具规模。

1997 年，SK 电子竞技俱乐部（SK Gaming）成立。该俱乐部最初来自由德国三兄弟组成的《雷神之锤》战队，后来将瑞典著名的 Nip 战队成员收入麾下，赢得了当时几乎所有《反恐精英》大赛的冠军，因此名声大噪。受到国际电子竞技氛围的影响，2003 年 7 月，中国 wNv 俱乐部成立，历时三年先后两次问鼎 WEG（World E-sports Games，韩国 OnGameNet 主办的国际顶级电竞赛事）《反恐精英》项目国际冠军，打破了国际上对于亚洲 FPS(First-person shooting game，第一人称射击游戏)游戏实力羸弱的看法。当时的俱乐部大多以《雷神之锤》《星际争霸》和《反恐精英》三个项目为主。渐渐地，电子竞技俱乐部在全球范围内初具规模，电子竞技俱乐部行业形成。

（二）电子竞技俱乐部的扩张

当电子竞技职业概念在全球范围流行之后，电子竞技俱乐部在欧美和韩国得到了巨大的发展。当时，FPS 类型游戏电子竞技赛事的冠军被欧美俱乐部所垄断，RTS（Real-Time Strategy Game，即时战略游戏）游戏如《星际争霸》的冠军几乎被韩国俱乐部所垄断，而中国电子竞技俱乐部在 2002 年正式发行的《魔兽争霸3》游戏项目之后得到了长足的发展。例如，目前国内老牌一线俱乐部 World Elite 电子竞技俱乐部（WE 俱乐部）就是在 2005 年成立的，蝉联 WCG《魔兽争霸 3》项目冠军的中国选手李晓峰（SKY）当时就效力于 WE 俱乐部。

2008 年左右，《星际争霸》与《魔兽争霸 3》游戏更新缓慢，导致游戏战术固化及赛事观赏性不足，这时，DOTA 作为《魔兽争霸 3》地图编辑器中出现的 RPG（Role-playing game，角色扮演类地图）地图，因为其特殊的 5 VS 5 打法与公平的竞技性逐渐受到全球玩家的好评。以 DOTA 为项目的电子竞技赛事越来越多，玩家群体也越来越庞大。以 DOTA 为主要项目的电子竞技俱乐部开始崛起，如今国内一线俱乐部 LGD 俱乐部的前身就是主打 DOTA 项目的 FTD 战队。2011—2013 年期间，《英雄联盟》的影响力与日俱增，世界电子竞技玩家的数量增多，市场的规模日益扩大，电子竞技俱乐部如雨后春笋般出现，电子竞技俱乐部行业极速扩张，综合的大型电子竞技俱乐部数量开始增加。

（三）电子竞技俱乐部的成熟

2017 年 4 月底，在《英雄联盟》职业联赛（LPL）总决赛后，拳头游戏与腾讯联合宣布 LPL 赛制将进行改革，从 2018 年开始，实行 LPL 的主客场制度。修改制度的实施在带来巨大商业价值的同时，也使得中国电子竞技俱乐部的发展模式开始改变，由之前的松散型向密集型发展，俱乐部的变现由亏损转向了盈利。同年 9 月 21 日，《王者荣耀》职业联赛（KPL）秋季赛发布会在上海举行，发布会上，腾讯互动娱乐移动电子竞技业务部总监、KPL 联盟主席张易加披露了 KPL 主客场制的相关信息。在腾讯的计划中，KPL 将率先开启上海与成都的双城主客场模式，之后在这个基础上进行裂变，直至最终实现全面的主客场制。

电子竞技赛事实现主客场制度对于电子竞技俱乐部未来的发展，甚至全国电子竞技产业都有着重大的影响。每一个落户主场的电子竞技俱乐部势必会带动当地电子竞技场馆、文化、赛事、旅游等各个方面的建设，同时对打造俱乐部文化、地区荣誉感有着非常大的帮助，最终将提升选手及整个俱乐部的商业价值，为未来实现盈利打下基础。

（四）电子竞技俱乐部的地位

电子竞技俱乐部位于电子竞技产业的中游阶段，起着承上启下的作用。承接上游游戏厂商提供的优质电子竞技游戏，参与职业赛事，向广大玩家群体提供优质的电子竞技内容。电子竞技俱乐部在产业中的地位是随着产业的发展不断变化的。

在电子竞技产业发展的初期阶段，整个产业的重心在于产业上游的游戏研发运营商。这一阶段主要依靠游戏本身来吸引玩家群体，因为赛事体系还未健全，所以电子竞技俱乐部的地位还未凸显出来。

随着赛事体系逐渐完善，玩家群体对于一些明星选手和俱乐部有了足够的了解，选手之间的恩怨情仇和经典对决也在玩家群体中广为流传。例如，《魔兽争霸3》中李晓峰，张宰帖（Moon）与曼努埃尔·申克赫伊岑（Grubby）三人之间的巅峰对决；在 DOTA 项目中，经典的"爹妈大战"及 7 分钟圣者遗物的传说；在《英雄联盟》中，WE 俱乐部与 IG 俱乐部你来我往的激烈厮杀等。此时，电子竞技俱乐部在产业中的地位逐渐提升，各个俱乐部开始拥有自身的粉丝群体。

现如今，电子竞技俱乐部与职业赛事体系相辅相成，高规格的国际性赛事为电子竞技俱乐部提供奖金与荣誉，高水平电子竞技俱乐部的参赛也将赛事的层次提高了一个台阶。电子竞技俱乐部既是电子竞技产业中的参与者，又是电子竞技优质内容的创造者，是电子竞技产业中的重要一环。

二、电子竞技俱乐部人员构成与组织架构

电子竞技俱乐部经历了数十年的发展，从原来几个人组成的小团队，到如今由许多部门构成，规模逐渐扩大。俱乐部也像企业一样越来越需要各式各样的人员进行运营与管理，以保证俱乐部的价值得到充分发掘。

（一）俱乐部人员构成的变迁

最初，一个职业俱乐部的人员构成较为简单，仅仅有一些队员和一个领队，其中队长负责队伍的日常训练与比赛，领队负责所有的后勤事务与商务对接。随着电子竞技大环境逐步转好，陆陆续续有一些游戏厂商或企业老板对电子竞技俱乐部产生兴趣，开始赞助或直接投资建立电子竞技俱乐部。这时除去队员和领队之外，俱乐部中还出现了后勤人员，尽管人员构成依旧十分简单，但是队员的基本生活得到了保障，电子竞技俱乐部开始向正规化发展。当国内俱乐部大多数只有主打一个游戏项目的队伍时，国外俱乐部由于发展较早，已经形成了以《雷神之锤》、《反恐精英》、DOTA及其他一些主机游戏项目并存的综合性俱乐部。

2011—2013年，《英雄联盟》的突然流行，带动了电子竞技俱乐部的大发展，不仅是新生的俱乐部，还有一些老牌的俱乐部也纷纷设立了《英雄联盟》项目分部。随着《炉石传说》、《守望先锋》、FIFA等项目崛起，国内一线俱乐部纷纷成立各个游戏项目的分部，俱乐部人员的构成越来越复杂。

除去之前说到的各个游戏项目分部里的队员、领队、后勤人员之外，俱乐部的人员构成还有专业的教练员、数据分析师、负责宣传的媒体人员、翻译人员、对外的商务经理及财务、法务人员等，电子竞技俱乐部已经越来越像一个"精密的机器"，需要各个环节的紧密协作。

（二）俱乐部的组织架构

电子竞技俱乐部主要的组织架构形式是以所设立的游戏项目为基础进行部门分类，将一些职能较为重合的岗位整合成一个部门，以方便进行管理。接下来我们将对俱乐部的组织架构进行详细的介绍。

1. 俱乐部总经理

每个俱乐部都会有一个总经理，他们的职责主要包含以下几点：执行董事会的各项决议，如各个游戏项目部门的成绩目标；对新兴电子竞技项目进行评估与建设提案，如在《守望先锋》游戏项目开始流行的时候，根据市场调研、成本核算及对俱乐部内部情况综合因素的考虑，决定是否向董事会提出申请建立《守望先锋》分部；领导旗下分管部门开展工作，如相关的财务管理政策与人力资源制度建设，及重大人事决策等；主持俱乐部整体的日常运营，如俱乐部员工团队建设、例行的总经理办公会、代表俱乐部参加外事活动，以及签署日常文件等。

2. 电子竞技项目部门

在总经理之下，俱乐部会根据各个电子竞技项目成立相对应的部门，如 DOTA 2 分部、《英雄联盟》分部、《炉石传说》分部、《守望先锋》分部，以及《绝地求生：大逃杀》分部等一系列部门。每个电子竞技项目部门会根据自身项目的特点、市场火热的程度和俱乐部项目的侧重点进行相对应的投入与人员搭配。例如，EHOME 电子竞技俱乐部是从 DOTA 再到 DOTA 2 起家的老牌俱乐部，将 DOTA 2 视为俱乐部的核心项目，所以在投入上，自然而然会对 DOTA 2 项目有一定的侧重。EHOME 俱乐部成立至今，最多同时拥有三支 DOTA 2 战队参加比赛（EHOME，EHOME.K 和 EHOME.L）。

尽管每个电子竞技项目有所不同，但是在部门人员的构成上大体是一致的，分别为部门经理、主力参赛队员、替补队员、领队、教练、教练助理、数据分析师等。

3. 其他事业部门

一个电子竞技俱乐部想要长久地运营下去，仅仅依靠总经理和各个电子竞技项目部门是无法存活下去的，相应地，其他事业部门也是不可或缺的一部分。各个职业俱乐部大体上拥有以下事业部门：

（1）财务部门。俱乐部作为企业中的一种，设立财务部门的重要性自然不言而喻。除去简单的发放工资和奖金的职责之外，财务部门还需要建立俱乐部内部的财务制度，对俱乐部员工相关的绩效进行考核、奖惩，对成本的预算进行控制等。

（2）行政部门。行政部门的职责包括人事管理与招聘、员工的档案建设、完善俱乐部各项管理制度等。有趣的是，在对选手、教练员等有关电子竞技项目部门人员的招聘上，更多的是由电子竞技项目部门内部人员负责。

（3）商务部门。商务部门的职责大体分为招商、对接两大方面。招商人员主要负责帮助俱乐部寻求更多的社会赞助、寻找更多的赞助商。对接主要指俱乐部接到有偿的商业活动时，商务专员与活动企业进行沟通交流的工作，对接人员同时负责与其他俱乐部或业内外企业维护良好关系。

（4）后勤部门。后勤部门是以后勤保障为主要工作的部门。该部门直接作用于俱乐部内其他部门，对其他部门的正常运作具有至关重要的直接作用，对实现团体目标任务起间接作用。目前，俱乐部后勤部门的职责有负责俱乐部人员日常的起居和卫生工作、网络搭建与维护工作、心理咨询工作、文化课教学及翻译等。后勤部门从衣食住行、生理、心理、知识上全面为选手及其他部门的员工保驾护航。

（5）媒介部门。媒介部门是电子竞技俱乐部对外宣传的窗口，负责各个媒介活动的策划，以及与其他媒介单位接洽和联络。例如，俱乐部赛事赛程的及时公布、选手的花边新闻和队伍日常训练的发布、相关转会信息的发布、俱乐部通告的发布、俱乐部粉丝群的日常管理、俱乐部微博和微信公众号甚至应用程序（APP）的日常管理等。可以说，媒介部门是俱乐部培养粉丝、经营粉丝、塑造俱乐部形象的重要部门之一。

三、电子竞技俱乐部商业模式解析

在电子竞技产业里，职业俱乐部不是一个仅由几个人组成的战队，而是一个雇佣职业电子竞技选手参加比赛和表演，借以赚取利润，或者为一定的企业做宣传、做广告的组织。既然职业俱乐部是一个以盈利为目的的社会组织，那么它就具有一定的商业性,它的成功离不开完善的商业模式。商业模式是一个宽泛的概念,可以包括运营模式、盈利模式、广告收益模式等,它的定义可以理解为实现客户价值最大化,把能使企业运行的内外各要素整合起来,形成一个完整、高效、具有独特核心竞争力的运行系统,并通过最优实现形式满足客户需求、实现客户价值,同时使系统达成持续盈利目标的整体解决方案。简单来说,商业模式的核心就是如何赚钱,如饮料公司靠销售饮料赚钱,电影院靠售卖电影票赚钱,这就是各自商业模式最简单直接的体现。电子竞技俱乐部自然也有自己的商业模式。同样以利益相关者理论来研究,电子竞技俱乐部的相关者包括赞助商、选手、粉丝等,分析俱乐部与它们的关联可以更深入透彻地了解俱乐部的商业模式。

(一)赞助商

赞助商是整个电子竞技产业的血液,在电子竞技产业的商业模式还未成熟、商业领域还未完全开发的情况下,赞助商的资金投入是俱乐部、赛事、选手乃至整个产业的最大源泉。目前,电子竞技俱乐部的主要运营资金依然来源于赞助商的赞助。如今,企业的营销观念随着经济的发展在不断地发生变化,传统广告模式的认可度降低,逐渐被淘汰。如果赞助电子竞技俱乐部这种新型赞助形式可以加强企业和顾客的联系和沟通,那么这种商业模式无论在满足人们日益增长的感情投资需求方面,还是在提高赞助商的知名度方面,都显示出了一定的优越性。

(二)俱乐部选手

电子竞技俱乐部的核心竞争力是选手。选手的竞技战术水平、知名度和影响力是俱乐部最为宝贵的财富,也是俱乐部实力最直观的表现。出色的俱乐部选手可以为俱乐部带来优异的成绩、无上的荣誉和丰厚的收入。

1. 赛事奖金

俱乐部选手通过参加各种线上、线下的电子竞技赛事取得优异的成绩,获得一定的比赛奖金，俱乐部也会获得相应的提成。优异的成绩是俱乐部能力的最好证明，俱乐部可以吸引更多粉丝的支持和赞助商的赞助，同时也会得到更多优秀选手的青睐，从而形成良性的循环。2014年第四届 DOTA 2 国际邀请赛上，Newbee 战队获得了超过 500 万美元的奖金，俱乐部也因此获得了奖金 10% 的提成。

2. 商业活动

随着电子竞技产业的发展，电子竞技选手的身份开始被大众所接受，部分电子竞技选手已经开始和传统体育、娱乐行业的明星一样拥有巨大的影响力。除了代言品牌和产品，这些知名选手还可以代表俱乐部出席一系列线上、线下的活动而获得可观的收入。线上活动，例如，知名的《英雄联盟》俱乐部 SKT 全员签约斗鱼直播，他们在斗鱼平台上直播平日的训练和单排，获取了大量的酬劳。线下活动，例如，作为代言人，俱乐部选手出席一些电子竞技赛事或企业品牌的发布会，为赛事和企业品牌拉拢人气等。

3. 选手转会

与传统体育俱乐部类似，选手转会费用是俱乐部一项巨大的支出和收入。俱乐部签约心仪的选手需要支付一笔不菲的转会费，而转出一个知名选手也同样可以获得可观的收入。在小型俱乐部打出名气的选手为了登上更高、更好的舞台，会主动寻求更好的俱乐部施展自己的才华，他们的转会可以给俱乐部带来不少的收入。越来越多的俱乐部开始重视青训体系，而有潜力年轻选手的转会也是每年选手转会的重头戏。对于青训体系出色的俱乐部来说，培养出优秀的可塑人才提供给其他俱乐部可以获得大量的资金，从而投入自己俱乐部的建设中。选手转会的市场总体来说是各取所需，知名俱乐部可以获得自己心仪的选手组成更强的队伍，小型的俱乐部也可以利用收入更好地发展自己。

（三）粉丝群体

在单机和网游时代之后出现的 FPS、MOBA（Multiplayer Online Battle

Arena，多人在线战术竞技游戏），区别于传统的电子游戏和网络游戏。例如 DOTA 2、《英雄联盟》、《反恐精英：全球攻势》属于电子竞技游戏，讲究对抗和比赛，有统一的规则和技术手段。选手需要通过长期近乎单调的训练，提高与电子设备等比赛器械相关的速度、反应和配合等综合能力和素质。"电子竞技很强调操作性，技战术高的玩家和职业选手很受粉丝的追捧"，围绕明星玩家或选手，一系列的粉丝经济链条也随之生成。

2014 年，DOTA 2 全球赛事的总奖金金额庞大，强烈刺激了其在全球范围的迅速推广。2014 年 7 月，中国 Newbee 战队在美国西雅图获得第四届 DOTA 2 国际邀请赛的冠军，整个战队获得了 500 万美元的奖金，税后每个选手分得的奖金数额约为人民币 400 万元。对于游戏运营商而言，如何将这一赛事及其背后的粉丝经济复制，是最关键的问题。一款游戏在一个地方落地，对服务器、带宽、ADC 维护体系等的要求都很高，因为受到中国网络硬件环境等的限制，运营商还需要解决很多问题，而这些问题直接影响了游戏在粉丝群体中的受欢迎程度及他们的支持力度。

更重要的还有粉丝经济的落地。以 DOAT 2 亚洲邀请赛为例，它的预赛阶段比赛项目早已于 2015 年 1 月启动。与此同时，赛事互动指南也同期发售，内含比赛预测、玩家投票、道具奖励等，赛事互动指南及积分追加道具收入的 25% 将进入总奖金池。玩家每购买一份 DOTA 2 亚洲邀请赛互动指南，即可为比赛的总奖金投入一定金额，购买的玩家越多，奖金累积也越多。互动指南上线仅两天，购买互动指南并投入邀请赛的总奖金金额就已经超过了 100 万美元。亚洲邀请赛的 5 天时间里，每天入场的观众有 4000～5000 人，单场门票价格从 49～99 元不等，5 日 VIP 联票为 899 元。3 天后，奖金池金额已经高于 300 万美元。巨额的赛事奖金、众筹凝聚的强大参与感、衍生道具的热门销售，让 DOTA 2 成为当时最具代表性的粉丝经济游戏项目。

俱乐部战队通过参加比赛获得的成绩和选手日常形象的塑造，会吸引全国各地的粉丝群体。在粉丝群体达到一定规模的时候，部分俱乐部会选择在网上开设淘宝店，向粉丝们出售一些俱乐部衍生产品，如手环、手机支架、钥匙扣、水杯、人物模型等，还会出售合作厂商定制的外设和赞助商相关的产品。这既是俱乐部变现的渠道，也是俱乐部培养自身文化、增加粉丝黏性的一个过程。

四、电子竞技用户群体分析

随着人们生活方式的多元化，游戏方式也呈现出多元化的发展趋势，信息技术的不断发展催生了电子竞技游戏。与此同时，电子竞技游戏逐渐成为广大社会群体的热衷对象，MOBA类游戏和FPS类游戏作为典型的电子竞技游戏，受到了广大电子竞技用户的热爱和追捧，从而也带动了中国电子竞技产业的发展与升级。众所周知，游戏作为娱乐方式的重要组成部分，在当今人们的日常生活中已经成为一种习惯性行为，电子竞技游戏自身存在的独特优势不仅为人们提供了丰富的精神食粮，同时也不断推动着整个电子竞技用户群体的发展与进步。电子竞技游戏通过自身的优化升级，在艺术层面和表达方式上不断推陈出新，并依托于科学技术的升级，衍生出了竞技和娱乐的新内容，极大地丰富了电子竞技用户群体的新体验。

第三节 电子竞技产业的传播者

一、电子竞技媒体概述

电子竞技产业飞速发展，电子竞技产业链也在不断细化。整个产业自上而下主要分成三部分：研发、运营和渠道。但究其根本，电子竞技产业的核心也是其区别于传统游戏产业的特点，主要集中在三个板块：游戏运营、赛事运营及媒体。

如果说游戏运营和赛事运营是构成电子竞技产业的骨肉，那么媒体就是使电子竞技产业腾飞的翅膀。电子竞技影响力的扩大、流量的导入和产业的变现等发展，都离不开媒体的支持。

媒体是传播信息的媒介，是人们用来传递信息与获取信息的工具、渠道、载体、中介物或技术手段。媒体也可以被看作是实现信息从信息源传递到受信者的一切技术手段。媒体有两层含义：一是承载信息的载体，二是指储存、呈现、处理、传递信息的实体。电子竞技媒体的概念与我们通常所说的媒体概念基本一致，唯一的区别在于，电子竞技媒体传播的内容以电子竞技产业资讯为主。

由于绝大多数的电子竞技玩家都是通过互联网网站、手机客户端及微信公众号、微博自媒体等渠道获取电子竞技相关新闻信息，所以社会上会产生"电子竞技媒体就是互联网媒体"的误区。在这里，我们需要明确一个概念，电子竞技媒体在称呼上更多的是指从事电子竞技行业、传播电子竞技产业相关资讯的媒体人或公司，是所有从事电子竞技行业媒体的集合，它既包含了传统四大媒体中的报纸、期刊（杂志）、广播和电视，又包含了新媒体中的互联网媒体。

综上所述，我们可以将电子竞技媒体定义为，以电子竞技产业相关资讯、信息为主要传播内容的载体。

媒体对于电子竞技产业的发展有着至关重要的作用，我们有必要了解电子竞技媒体的发展历程。

（一）电子竞技平面媒体

在20世纪90年代，中国的互联网并不发达，电子竞技以传统媒体作为主要传播方式。报纸、杂志是最早介入电子竞技的媒体。在报纸方面，当时的《电脑商情报》和《电脑报》有着强大的渠道资源，牢牢掌握着中国二、三线甚至更加偏远的城市市场；杂志方面，在1995年创刊的《大众软件》是当时为数不多的可以为人们提供电子竞技相关内容的杂志。所以，在电子竞技发展的初期，电子竞技爱好者了解电子竞技相关信息大多依靠报纸和杂志。

如果说《电脑商情报》《电脑报》和《大众软件》只是在其报纸和杂志的数码信息、游戏等版面中插入电子竞技相关内容的话，那么在2005年，一本纯粹以电子竞技内容为主题的杂志《电子竞技》，将电子竞技平面媒体推向了巅峰。

《电子竞技》杂志是中国唯一一本经中华人民共和国新闻出版总署批准的中央级电子竞技杂志，也是当时平面媒体中唯一一个电子竞技垂直媒体。《电子竞技》在2005年4月发售之后便大受欢迎，因为其畅销，该杂志在2006年3月改为半月刊，是当时少数只依靠杂志销量便可以实现盈利的杂志之一。之后，由于杂志社内部出现矛盾，导致《电子竞技》开始走下坡路，但其在电子竞技平面媒体中的地位无法被取代，甚至可以说，该杂志本身的发展历程即电子竞技平面媒体的兴衰史。

平面媒体这种比较传统的媒体手段，把电子竞技的正确概念不仅推广到了部委一级的监管部门，还拓展到电脑普及率较低的地区，为电子竞技的健康发展铺平了道路，对整个产业产生了极为深远的影响。

（二）战报网站、论坛和门户网站

随着《反恐精英》和《星际争霸》在中国的流行，战报网站和游戏BBS开始在网络上崭露头角。因为早期的电子竞技游戏没有录像功能，所以在战报网站上，其信息是以文字战报为主。因为互联网技术的不完善，当时的电子竞技赛事及幕后组织的发展普遍受到地域等客观条件的限制，导致很多赛事的消息流通不便。因此，BBS（Bulletin Board System）凭借自身信息量大、更新速度快、交互性强的特点，迅速成为电子竞技爱好者相互发帖、聊天、爆料的平台。

门户（Portal），原意是指正门、入口，现多用于互联网的门户网站和企业应用系统的门户系统。门户网站，是指通向某类综合性互联网信息资源，并提供有关信息服务的应用系统。起初门户网站以提供搜索、目录服务为主，后来由于市场竞争日益激烈，门户网站不得不快速拓展各种新的业务类型，希望通过门类众多的业务来吸引和留住互联网用户。在国内，人们耳熟能详的门户网站有新浪、网易、搜狐、腾讯等，这些大型的门户网站都开设了相关的游戏电子竞技频道。

由于电子游戏和电子竞技游戏的种类繁多，促成了一些不亚于传统媒体的专业游戏门户网站的诞生，例如太平洋游戏网、锐派游戏网、游久网、178游戏网等。互联网媒体的早期发展历史几乎就是一部门户网站的发展历史，从美国的雅虎到中国的新浪、网易，它们的每一个动作都会影响这个行业。不仅如此，门户网站的模式还深入触及了整个互联网媒体模式，为互联网媒体模式的创新打开了思路。

（三）传统电视电子竞技媒体

国内的电子竞技爱好者凭借一腔热血和对于电子竞技的热爱，在国际赛场上取得了很多荣耀，屡次为国争光。国家体育总局在2003年将电子竞技设立为中国的第99项体育项目，这一举动预示着电子竞技有了新的发展机遇。

各大卫视在国家体育总局的通知中看到了契机，开始制作与电子竞技游戏相关的栏目，如上海电视台的《游点疯狂》、西安卫视的《游戏俱乐部》和旅游卫视的《游戏东西》等。其中《游戏东西》更是成了一代人的回忆。

该栏目涵盖两大节目，日播型节目《游戏东西》和周播型节目《东西争霸》。这两档节目均在旅游卫视黄金时段播出，它们包括电视广告、赛事报道、产品评测、无线短信及企业产品解决方案等一系列服务，具有很高的收视率。

节目开播以来，一直秉承着服务玩家、沟通厂商、架起两者之间桥梁的精神，在每天25分钟内，尽可能多地为游戏玩家提供资讯。短时间内，《游戏东西》便迅速攀升至旅游卫视节目收视率第一名的宝座，同时也成为玩家心目中的中国电视类游戏资讯栏目第一的地位。

一档名为《电子竞技世界》的节目在中央电视台体育频道播出，它是央视第一次以电子竞技游戏内容为主的节目。作为国内专业的一档节目,《电子竞技世界》不遗余力的报道,给中国电子竞技注入了新鲜的活力,同时也象征着电子竞技作为一项体育项目得到了国家的认可和支持。《电子竞技世界》有新闻资讯版块、评论版块、人物及赛事版块,节目会对国内外电子竞技产业发展的最新动态进行分析和总结,展现业内精英的思想见地。

(四)视频网站

付费电视媒体和网络电视将中国电子竞技展现在更多人的面前,但是受到政策、时代发展及用户习惯的影响,在网上看视频直播的观众数量跟传统媒体相比,仍然差距较大。直到2006年,一些游戏视频网站借助视频点播的发展势头诞生了,如Neo TV。Neo TV有着专业的节目制作团队,他们自己制作游戏视频,并针对一些重要的赛事,运用视频点播网站技术进行转播。

2010年12月4日,腾讯游戏旗下全新的全民竞技平台(Tencent Games Arena,简称TGA)成立,电子竞技爱好者们可以通过TGA了解到腾讯游戏旗下竞技产品的资讯和各项赛事的信息,同时还能观看腾讯游戏竞技频道的最新直播。

视频网站的出现,将电子竞技无法在传统电视媒体上展现的内容转移到了互联网,它是对传统电子竞技节目的继承与发展。首先,游戏视频网站播出的内容沿用了传统电视媒体的节目单形式,而且互联网对电子竞技赛事的转播画面与传统电视节目一样,直播画面都是比赛的场景配上解说员的解说。其次,二者的传播方式都是一对多的大众传播模式,网站和电视单向供应视频内容,受众仍是同一群电子竞技爱好者。最后,内容制作的人员构成类似,例如,Neo TV的创始人之一熊剑明原本就是遭到禁播的《游点疯狂》栏目的工作人员。

与此同时,优酷网的诞生对电子竞技的发展作出了很大的贡献。2010年12月8日,优酷网上市,它在上市之前大力推广游戏频道,使得很多电子竞技退役选手和游戏解说在优酷网上开设自己的频道。伴随着视频点播技术的成熟和消费者淘宝购物习惯的培养见效,电子竞技解说视频作为一种新的传播形式开始受到观众的喜爱,很多电子竞技从业者尝试着将游戏视频解说与淘宝店相结合,这一模式的出现拯救了一批电子竞技从业者,也为直播平台的出现起到了推动作用。优酷网正是这一切诞生的基础。

(五) 直播平台

"视频解说+淘宝"模式对电子竞技产业最大的影响就是让电子竞技从业者有了更多的收入,进而让更多的人投身这个行业。如解说杨丰智(小智),职业女选手韩懿莹(Miss),还有打《星际争霸》出身的电竞女选手张翔玲(小苍),他们的活跃为后来的直播平台提供了大量人才储备工作,同时使得利用淘宝进行变现的盈利模式在直播平台中得到沿用。

除了斗鱼、虎牙和战旗之外,国内还出现了全民TV、熊猫TV等直播平台,一段时间内,国内的直播平台遍地开花,电子竞技市场迎来一片繁荣。

二、各类媒体的地位

(一) 报纸

报纸作为传统四大媒体中最早出现的媒体,拥有最多的用户群体,具备最广的普遍性和最大的影响力,是人们了解时事和接收消息的主要媒体。随着时代的发展,报纸的版式越来越灵活、品种越来越多、内容越来越丰富、印刷越来越精美。

对于电子竞技媒体行业来说,报纸是最早涉足电子竞技的媒体,是电子竞技传播的先锋兵。

(二) 杂志

与报纸相比,尽管杂志明显缺乏时效性,而且覆盖面有限,但由于它精美的印刷和光彩夺目的视觉效果,仍然深受特定受众的喜爱。由于杂志种类繁多,雅俗均有,而且出刊周期短的杂志种类多、影响颇大,因此,它成为传统四大媒体之一。印刷技术的发展和人类思想的进步,使得以往单纯的平面设计模式不断被打破，新的设计形式不断出现，这都体现着杂志的广阔前景。

电子竞技在报纸上还是以板块、内容点缀的形式出现的，没有被当作一个单独的主题填充内容。直到《电子竞技》杂志的出版，让电子竞技可以作为一个单独的、主体的内容出现，确认了电子竞技的地位。杂志的表现力强和保存期长等特点，使得电子竞技得到更好的推广。杂志对于电子竞技的推广起到了至关重要的作用。

（三）广播媒体

广播作为传统四大主流媒体之一，在中国有着悠久的历史，现在也依然占据着至关重要的地位。但是随着科技的进步、互联网的发展，传统广播的地位逐渐下降，从大众需求转变为小众需求。现在的广播已经开始向互联网媒体发展，各种网络电台的兴起就是很好的正面案例。

对于电子竞技媒体行业来说，广播的作用并不大。一方面是因为电子竞技本身的特性使得广播很难展现其魅力；另一方面是因为在电子竞技出现的时代，其他更适合传播电子竞技的媒体已经登场，并被广泛使用，致使广播没有聚集用户群体，形成用户习惯。

（四）电视媒体

电视是四大主流媒体之首，虽然有着互联网媒体的冲击，但因为其不俗的表现力、悠久的历史、成熟的技术、广阔的覆盖等条件，使得电视媒体在当今媒体中依然占据主导地位。

在电子竞技的发展过程中，电视曾经是最适合的传播媒体。电视的特点可以很好地与电子竞技的特点相结合，符合电子竞技用户的需求，这一点可以通过韩国电子竞技的发展来证实。

（五）互联网媒体

互联网的普及用了十几年的时间，人们已经无法想象没有互联网的生活，互联网媒体开始迅速威胁到报纸、杂志、广播、电视等传统媒体的地位。而对于电子竞技这个高科技复合行业，其诞生和发展就是依托于互联网，所以在电子竞技媒体行业当中，互联网媒体毫无疑问处于首位。我们知道的绝大多数电子竞技媒体都是互联网媒体，如视频网站、战报信息网站、网络电视、直播平台等都可以归纳到互联网媒体当中。

三、媒体行业的商业模式

任何行业想要持续地生存下去，就必须找到符合其自身特点的商业模式。随着时代的发展和科技的进步，新的行业逐渐诞生，旧的行业也会因为技术的变革出现新的形式，因此需要调整原来的商业模式。而创立新的商业模式或改进原有的商业模式，都需要行业对原有的商业模式有充分的认知。本节我们着重了解媒体行业目前存在的商业模式。

商业模式的本质在于盈利模式是否可行，所以现在也多用盈利模式代指商业模式。目前，传统的媒体服务有三种类型的商业模式：内容发行模式、广告模式和市场活动模式。

内容发行模式是指用户购买发行的图书、报纸、杂志、CD等，并享受其中的内容。

广告模式是指媒体通过向受众销售信息，通过引起用户的注意力产生的发行量或收视率、收听率，来吸引广告主购买版面或时间段。

市场活动模式是指媒体通过品牌及举办的各类活动，获得广告主的品牌宣传、广告刊登等收入。

接下来，我们分析一下各类媒体都是如何运用这些商业模式的。

（一）报纸

发行商发行报纸，用户为其中的内容付费，这是内容发行模式。当报纸受欢迎程度很高，且发行量也较大的时候，部分报纸会接受广告投放，或者是单独的分类信息报免费发放，通过发行量来获得广告主投放广告，这是广告模式。目前很少有报纸做市场活动，所以报纸的商业模式大多是以内容发行模式为主，少数报纸是以广告模式为主，部分特别优秀的报纸可以将两者结合。

（二）杂志

用户购买杂志，阅读其中的内容，是内容发行模式。杂志通过其发行量和影响力承接广告主的广告投放，是广告模式。由于杂志的专业性、周期性、印刷精美等特性，使得杂志很容易在做内容的同时承接广告商。所以，绝大多数杂志的商业模式是发行模式和广告模式并存。部分有影响力的杂志社会举办自己的市场活动，以获得企业和单位的品牌宣传来获取收益。

（三）广播媒体

国内绝大多数广播都是免费的，所以广播的商业模式采用的多数是广告模式。部分特别有影响力的广播媒体单位也会举办自己的市场活动，即运用市场活动模式来获得收益。

（四）电视媒体

人们看电视都要缴纳数字电视费，缴纳费用之后可以收看特定节目及付费频道，这可以理解为内容发行模式。但是，因为中国电视普及率非常高，结合电视媒体的特点，这使得电视媒体更多的是使用广告模式来获取收益。收视率非常高的电视台会逐渐形成其品牌影响力，所以电视媒体也会通过市场活动来增加收入，如中央电视台电影频道、湖南卫视等。

目前，传统媒体行业的商业模式几乎都是这样，不过这些传统媒体也在寻求变革，出现了如网络广播、网络电视等新媒体，依托于互联网并结合新的技术，发展出新的商业模式。

（五）互联网媒体

随着中国网民数量的逐渐增加，互联网媒体在媒体行业中也占有举足轻重的位置，甚至有赶超传统媒体的趋势。互联网媒体在传统媒体固有的商业模式之上，开创了符合自身特点的商业模式。

互联网媒体的商业模式核心是流量变现。流量变现是指将网站流量通过某些手段实现现金收益。在互联网行业中，有这样一个公式：用户＝流量＝金钱，想要实现流量变现最重要的就是有足够的流量。网站流量指网站的访问量，用来描述一个网站被访问的用户数量及用户所浏览的页面数量等指标，常用的统计指标包括网站的独立用户数量（UV）、总用户数量（含重复访问者）、页面浏览数量（PV）、每个用户的页面浏览数量、用户在网站的平均停留时间等。除了足够的流量，网站还需要强大的变现能力，因此流量变现的关键在于流量和变现方法，流量的关键在于推广方式和用户黏性。

具体流量变现的方式各有千秋，大体上分为广告类、增值服务类、购物类、流量分成等。

1．弹窗广告变现

适用于垃圾流量网站，这是最低级的流量变现方式，没有任何技术和数据分析。一般来说，这种网站的流量价值本身很低，流量来源没有确定目标。假如某些网站有流量，但实在找不到变现的方法，可以采取这种方式。

2．广告联盟变现

适用于内容文章网站，这对用户体验的影响不是很大，运用该流量变现方式最好的当数谷歌联盟，广告匹配很好，其次是百度联盟。这种方式具有一定的定向性，与网站本身内容契合，文章内容与广告互补。

3．定向销售变现

适用于购物产品网站，来自购物或产品类网站的流量，本身具有一定的目的性。用户了解某个产品的行为，说明用户对这件产品有兴趣，将来有购买的欲望。这种流量价值较高，目的性较强，一般都会产生消费，是高段流量的典型代表。

4．增值服务变现

适用于权威品牌网站，权威网站的回头客多、用户品牌忠诚度高、会员活跃，这些会员认同网站的价值，会经常访问或发表见解，甚至会购买网站的增值服务。这种流量变现的方式不同于以上三种，都是"为他人作嫁衣裳"，流量最终都被引导去其他的网站，而增值服务变现让流量的价值实现最大化。就地消费、就地转化是流量变现的高级形式和最终目的。

以上四种流量变现模式的流量价值由低到高，变现方法也由浅入深，根据网站的定位和流量的来源，不同网站要采取不同的变现方式。只有充分对流量进行数据挖掘和分析，才能将网站每个流量的价值最大化。

综上所述，这些就是目前媒体行业的商业模式。每一种商业模式都会随着时代和技术水平的发展而进步，如果某些新兴行业是原有行业的第三方创新，那么它过去的商业模式依然可以借鉴，甚至直接使用。

第四章 电子竞技产业的发展

第一节 中国电竞发展的本土环境

一、电竞与经济环境

根据现代经济学的基本分析框架,对经济问题和产业现象等进行研究的首要环节是从实际出发,对其所处的经济环境进行界定。[①] 经济环境主要指某一产业在生存和发展过程中所必须考虑的其所在国家或区域的经济条件、经济特征、经济联系等各类因素,主要可以划分为宏观经济环境和微观经济环境两个层面。[②] 宏观经济环境主要指一个国家或地区包括人口、国内生产总值、国民收入与支出等状况在内的指标;微观经济环境主要指某细分产业或企业所处的产业类别或地区的消费者收入、消费偏好、储蓄与投资状况、就业情况等数据指标。通过对宏观经济环境的分析,研究者能在整体上把握该产业所处国家或地区的经济发展水平、发展速度及发展前景,而对微观经济环境的把握能帮助研究者更准确地了解该细分产业或企业目前所处环境的市场情况。因此,对我国电子竞技产业发展经济环境的考察需要同时涵盖宏观经济和微观经济要素。

(一)我国宏观经济运行情况

21世纪以来,中国乃至世界的经济发展都面临着多元的发展机遇和多样的严峻挑战,在以经济为基础的国际综合国力竞争中,我国基于改革开放以来

[①] 吴淑芳.现代经济学的基本分析框架与研究方法[J].现代营销(经营版),2020(6):74-75.
[②] 樊泳雪.竞争情报实践与方法研究[M].成都:巴蜀书社,2010.

积累的丰富经验，在经济建设和产业发展领域走上了快车道，并在较长时间内保持着高速增长的状态。

面临百年未有之大变局，我国在经济与社会建设等多方面沉着应对，在中国共产党成立一百周年实现了第一个百年奋斗目标，并向构建新发展格局迈出坚实步伐，实现了"十四五"的良好开局。

经济增长平稳、居民收入增长、消费水平提升且消费偏好发生变化、人口基本稳定且就业压力增大等，均展现了近年来中国经济在多样的不确定因素中"稳中求进"的宏观现状，这一环境为中国以电子竞技为代表的新型业态带来的既有冲击，也有机遇。因此可以认为，国内电子竞技产业具备相对稳定的发展环境和乐观的发展预期，在国家基本平稳的市场经济环境和"动态清零"的疫情防控指导下，中国电子竞技产业将获得深入考察国内国际市场的机遇，积极融入"双循环"体系，并把握多元的市场需求和产业链各个环节的发展诉求，实现新一轮的爆发式创新发展。

（二）产业结构与新产业环境

除国家宏观经济发展状况外，国民经济的产业结构和新产业、新业态、新模式的发展也是影响我国电子竞技产业发展的重要方面。综合往年国家统计局的产业数据，我国三次产业结构在调整中逐步实现优化，自改革开放以来总体呈现出"二一三"向"二三一"最后向"三二一"的变化趋势，[①]我国产业结构进一步转型升级，经济进入高质量发展阶段，主要体现在经济发展方式转变、创新驱动发展成果丰硕以及网络经济蓬勃发展等三个方面。

首先，随着供给侧结构性改革的深入推进，我国产业结构不断优化。近年来，我国三次产业增加值的比重进一步调整，逐渐呈现出"三二一"的发展格局。除三次产业结构的调整优化外，农业、工业和服务业三大产业的内部结构也在优化升级，如作为国民经济基础的农业，近年来我国农业综合生产能力

---

① 尹伟华."十四五"时期我国产业结构变动特征及趋势展望[J].中国物价，2021（9）：3-6.

稳步提高，现代农业体系初步建立并逐渐完善，在工业现代化、智能化技术的加持下，农业也逐渐呈现出现代化、机械化、智能化的发展趋势。作为国民经济主导的工业也向中高端迈进，我国逐渐建立起门类齐全、从劳动密集型工业主导到劳动资本技术密集型工业共同发展的现代化工业体系。服务在国民经济建设中的拉动作用也日益凸显，现代服务业、新兴服务业迅猛发展，随着经济发展和人民生活水平的提高，现代服务业蓬勃发展，信息传输、软件和信息技术服务业等相关产业门类的增加值年均增速高达20.7%。"十四五"时期，我国各产业将依托互联网、大数据、云计算、物联网、人工智能等新一代信息技术，顺应新一轮的科技和产业变革，推进产业结构的高端绿色转型发展。

其次，创新驱动发展成为我国经济转型发展的强大动力，"三新"经济成为国民经济的重要组成部分。党的十八大以来，我国坚持走中国特色自主创新道路，实施创新驱动发展战略，创新驱动发展成效明显。我国创新型国家建设成果十分丰硕，同时也开创了"大众创业、万众创新"良好局面，为我国三大产业的转型升级提供了新的动力源，为"三新"经济[①]的诞生和发展提供了良好机遇。以新产业、新业态和新商业模式为核心的"三新"经济正在逐渐成为中国经济的重要组成部分。就"三新"经济在中国的发展来看，新产业通过对新科技成果和新兴技术的应用从事规模化的新型经济活动，新业态在顺应多样化市场需求的前提下依托现有产业领域衍生出新环节和新活动形态，主要表现在借助互联网开展的经营活动，新商业模式则体现在通过对企业和产业的各要素进行创新整合，充足培育新的商业运行模式。因此，"三新"经济是中国经济创新发展的重要成果，同时也将成为中国未来经济社会发展的新动能，以互联网为重要依托的新产业、新业态、新商业模式将进一步释放其活力和价值，促进产业结构的优化和传统产业的转型。

最后，作为产业结构转型升级和创新驱动发展的重要依托之一，网络技术

---

① "三新"经济，指以新产业、新业态、新商业模式为核心内容的经济活动的集合。

在国民经济领域的应用日益广泛，网络经济的蓬勃发展是新时代中国产业经济发展的另一个重要表现。随着 4G 网络的普及和 5G 在全国范围内铺开，信息技术逐渐下沉为社会基础设施，数字经济规模大幅度提升。此外，我国"互联网+"行动计划实施成效显著，以大数据、云计算、物联网、人工智能等为代表的新一代信息技术搭建起来的新技术生态，深度融入社会生产生活的各个领域，催生出大量的新产业、新业态和新商业模式，为国民经济发展注入了新的活力和动能。除作为产业经济的直接催化剂，网络技术还被应用于产业与社会治理，为产业经济和社会生产生活环境的稳定与安全作出贡献。无论是在国民经济运行监测、数字政务服务还是在网络空间治理等方面，数字网络技术在社会综合治理等领域发挥着日益重要的作用，"网络强国"战略已深入实施，网络化、智能化正全面为国民产业经济赋能。

（三）数字经济下的电竞产业

得益于计算机和信息通信技术的迅速发展，信息技术基础设施在全社会范围内实现普及，信息通信技术与社会经济文化生活各个领域的融合程度逐渐加深，以互联网为基础的新技术成为推动经济社会发展、助力经济增长模式转型的关键力量。尤其是近年来 5G 移动通信、大数据、云计算、人工智能、物联网、区块链等技术快速成长，其结果是继农业经济和工业经济之后，人类社会的经济发展进程步入数字经济时代。

根据电子竞技产业以上游游戏研发、中游赛事运营、下游内容传播推广为主线的产业链条，计算机和互联网等数字技术构成了整个产业运作的基础和前提。无论是电子竞技产品的开发、赛事的组织和转播，还是衍生内容的开发和推广，都与现代信息技术手段紧密相关，从这个意义上讲，电子竞技是数字经济催生和孕育的产业。同时，电子竞技产业的发展也成为推动数字经济"蛋糕"进一步做大的催化剂。日益大众化的电子竞技产业在国内和国际市场都获得了更大的产业发展空间，日益提升的用户需求和激烈的行业竞争刺激了电竞产品研发环节的技术进步，多媒介形态的电子竞技赛事接收终端刺激更高清实时的音视频技术应用于赛事转播，庞大的用户群体和多样化的内容需求促使电子竞技产业更加丰富的内容产出与推介形式。因此，无论在产业链的哪一个环节，电子竞技产业都通过将数字技术应用于产业实践并接收市场反馈，来促使数字技术的进一步优化，促进数字经济的全面发展。

当然，电子竞技产业也是目前我国文化创意产业的重要组成部分，在数据信息和数字化技术的协助下，以提供文化内容产品和服务为主要特征的电子竞技产业将获得更大的发展空间，电子竞技将成为拉动社会经济发展与丰富社会文化生活的重要产业领域。

二、电竞与技术环境

电子竞技产业作为互联网时代的发展趋势，是科技、社会文化与产业经济相结合的产物，在世界范围内获得巨大发展并广泛应用于社会经济文化实践的高新技术类别都能为电子竞技产业的发展服务。互联网普及率的提升为电子游戏研发运营和电子竞技及其衍生产业的发展提供了前提，同时也为新一代数字信息技术进一步赋能电子竞技产业奠定了基础。

（一）5G：产业技术基础的跃升

5G即第五代移动通信技术（5th Generation Mobile Communication Technology）为这一任务的达成提供了技术基础。5G是一种具有高速率、低延迟和大连接特点的新一代宽带移动通信技术，其用户体验速率达1Gbps，时延低至1ms，用户连接能力达100万连接/平方公里。在此之前，移动通信技术已经经历从1G到4G共四个时期，2G实现了从1G模拟时代走向数字时代，3G实现了从2G语音时代走向数据时代，4G实现了数据传输速率的显著提升，而5G的到来意味着从数据传输速率、接入速率到能耗效率等方面的全面提升，于各个产业领域而言都意味着一场新的革命。

我国在5G的产业化应用领域具备了更强大的技术依托，电子竞技产业也将得益于新一代移动通信技术而在产业链的各个环节获得质的提升。首先，5G搭建了更大容量的数据传输网络。在保证最低内容损耗的前提下传输大体量的音视频内容，基于5G高宽带的技术特性，电子竞技产业在上游的游戏研发环节便可实现更高分辨率内容的设计和开发，为用户提供更高清晰度、更高亮度、更加立体而流畅的游戏产品，从而在产业链上游提升内容和服务品质，为产业的高质量发展奠定基础。其次，5G提供了更完善的交互体验。从本质上讲，电子竞技本身就是一个有关互动、交互的项目，5G基于其被重新设计的物理特性实现了低延，游戏和流媒体延迟的问题得到了解决，从而极大地提升了电子竞技行业的交互体验。无论是人与人还是人与机器，均能实现感官上的实时交互。最后，5G激活了新一代信息技术生态。在5G技术的支持下，云计算、人工智能等高新技术领域迅速发展，无论是云游戏还是智能化的电子游戏，都建立在这些新一代信息技术的基础之上。

（二）移动终端：大众化的"掌上"电竞

电子竞技在诞生之初对电子计算机有较高程度的依赖，随着移动通信技术和移动终端技术的发展，手机、平板电脑、游戏机等移动终端逐渐承担起电子竞技游戏载体的角色，为电子竞技产业的发展开拓了新一片"蓝海"。

手机作为目前应用最广泛的移动终端，人们普遍将运行于手机上的游戏软件归纳为手机游戏，简称手游。但手机最初是作为简单的通信设备存在的，其早期尚不具备承担高强度网络传输和休闲娱乐功能的能力。2015年腾讯天美工作室在Android、iOS平台上推出MOBA类国产手游《王者荣耀》，2016年《王者荣耀》彻底爆发成为一款具有超大流量的全民MOBA游戏。基于移动手机端，《王者荣耀》为玩家提供了不分时间、不分地点、即刻开启的游戏条件，普通大众只要想进入游戏，随时都能开黑打团。电子竞技游戏产品向移动端和小屏"转移"，丰富了电子竞技产品的形态和模式，同时为电子竞技用户在更大范围内的扩张奠定了重要基础，"手游"成为电子竞技产业的重要组成部分。

（三）虚拟现实：电子竞技的沉浸时代

显示技术是电子竞技产业发展的重要技术基础之一，每一次显示技术的进步都是对电子竞技产品沉浸感的提升。近年来，除了更高清晰度和色彩明度的高清显示技术之外，还出现了以在场感、互动性为主要特征的虚拟现实和增强现实技术，为电子竞技产业的创新发展提供了新的机遇。

"虚拟现实"是美国维加精密实验室公司于20世纪80年代初提出的概念。通过虚拟现实技术，人们实现了虚拟世界和现实世界的初步转换。但基于VR设备营造的虚拟世界与真实世界相隔离，且与人类感知外部世界的方式有冲突，虚拟现实技术仍有一定缺陷，人们迫切地寻求进一步融合虚拟与真实两个世界的技术手段，即增强现实技术。"增强现实"是在虚拟现实技术的基础上发展起来的新技术，其采用多媒体、三维建模、实时跟踪及注册、智能交互、传感等多种技术手段，通过计算机系统提供的信息增加用户对现实世界的感知，将虚拟的信息应用到真实世界，并将计算机生成的虚拟物体、场景或系统提示信息叠加到真实场景中，被人类感官感知从而达到超越现实的感官体验。虚拟现实和增强现实技术凭借其强大的复现功能、新颖的操作方式、独特的传播体验，能满足用户对信息传播形式的多样化需求。

在5G、云计算等新一代信息技术的加持下，VR游戏将获得性能上的巨大提升，为用户带去更优质的沉浸式体验。传统VR游戏的一大缺陷即游戏玩家必须佩戴相对沉重的头显设备并携带用于数据和信号传输的"背包"，但新一代5G边缘计算技术允许玩家仅佩戴常规的VR眼镜、手持控制器，数据基本可以在云端和边缘进行处理再通过5G低时延、高速传输给玩家，从而为玩家卸下"背包"，极大提升了玩家的游戏体验。除VR（Virtual Reality，增强现实）游戏外，在VR基础上发展起来的AR同样被应用于电子竞技领域，产业主体可以通过增强现实技术将虚拟的游戏角色呈现在现实的电子竞技赛场，服务于电竞游戏产品与电竞赛事，同时也可以采用 AR 直播技术为电子竞技赛事和其他衍生的内容产品服务，为电子竞技内容的制作和传播赋予新的吸引力。

三、电竞与社会文化环境

社会文化环境是我国电子竞技产业发展的重要环境条件之一，包含人口的受教育程度与文化水平、社会文化传统、风俗习惯和价值观念、审美标准和道德风尚等。社会文化环境是我国电子竞技产业发展过程中面临的各类本土环境中最复杂、最重要的变量之一。与经济和技术环境相比，社会文化环境在更大程度上涉及社会公众的需求和思潮，而这些需求和思潮的变动是频繁且相对难以预测的。加上电子竞技产业自身处于尚不成熟又发展迅速的阶段，社会公众对电子竞技产业的产品或服务所产生的消费意愿、价值判断都会时常发生变化，进而构成电子竞技产业发展新的社会文化环境。具体而言，电子竞技产业在国内的本土社会文化环境可以分为以下三个层面：

（一）人口与受教育程度

逐步提升的人口受教育程度客观上为电子竞技产业的发展准备了良好条件。一方面，更高的人口受教育程度有利于培育更开放包容的社会文化环境，提升社会对电子竞技这一新兴文化创意产业的接纳和适应程度；另一方面，高教育程度的人口结构意味着平均（每小时）收入较高的社会收入结构，更多的受教育人口通过广播电视、互联网等多样化渠道接触多样化的消费领域，更容易接触电子竞技产业的产品和服务，从而转变为电子竞技产业的用户与消费者，为扩大电子竞技产业用户群体奠定基础。

（二）消费水平与偏好

除受教育情况和就业情况，社会公众的消费偏好与消费认知也是影响电子竞技产业发展的社会文化环境因素之一。更愿意尝鲜、购买新产品以及对消费品更新换代频率更高的社会消费氛围更有利于电子竞技产品和服务的推广。

近年来日益丰富的线上文化娱乐活动和我国居民日益培育起来的线上消费习惯是电子竞技产业发展的良好助力。通过多样化的互联网平台，有关电子竞技产品和服务的信息进入公众视野，在触达广泛用户群体的基础上电子竞技产业经营主体为用户设置了便捷的产品和服务接入端口，用户可以在线上实现对相关内容的浏览、产品与服务的体验。得益于广泛应用的线上支付手段，电子竞技产业可以完全在线上实现其产品和服务的销售环节。随着近年来我国居民对知识付费等形式接纳程度的提升，电子竞技相关衍生内容的付费传播也成为现实，电子竞技赛事等也可通过线上渠道实现营收。总体来看，我国日益丰富的消费类别和消费者的线上消费习惯为电子竞技产业的发展提供了良好的发展环境与机遇。

（三）社会文娱氛围

自古以来，中国文化体系中对游戏的评判都是谨慎的，尽管众多文艺作品和史书中记载了人们丰富的游戏活动，但整体来看对游戏的批判多于赞扬，如"玩物丧志"等说法将游戏等器物/事物视为荒废时间、阻碍人与社会发展的"祸源"。这些由来已久的对游戏和娱乐的审慎态度影响了当代电子竞技产业在我国的发展，尤其是电子游戏和电子竞技在国内出现的早期，社会公众普遍认为这是一种蒙蔽青年使其不务正业的"毒药"，加上一些青少年沉迷电子游戏的现象切实存在，我国电子竞技产业是在争议中起步和成长的。随着经济社会的发展、改革开放的深化、居民受教育水平的提高，我国整体的社会文化氛围发生了巨大变化，公众的思想价值、文化理念向更包容、更开放的方向发展。一方面，整体的社会文化氛围更能理解"玩"作为个人和群体全面发展的一个领域所发挥的价值，另一方面，越来越多的人认识到电子竞技和单纯娱乐的区别，电子竞技的体育属性和产业属性受到社会关注。

在政策的引导下，中国社会对电子竞技的认知和接纳程度有了明显提升。此外，电子竞技在各类商业主体关注和尝试中明确了产业化的发展趋势，体育场馆、酒店、日用品、影视作品、旅游、餐饮等多样化的产业类别与电子竞技产业形成跨界融合趋势，全面渗透社会公众的日常生活，同时也将孵化出更多的"电竞+"生活新业态，产生了巨大的经济与社会效益，使我国公众对电子竞技产业的了解程度进一步加深，电竞与社会文化实现了更紧密的融合，进一步助推了电子竞技运动和产业在全社会的发展。

在政策和社会产业主体等多重作用下，社会公众逐渐认识到电子竞技与电子游戏的区别，电子竞技体育化和电子竞技运动产业化的观念逐渐被更多人接受。

第二节　中国电竞发展问题及路径

一、中国电竞发展问题探析

我国电子竞技产业的发展势头有目共睹，在供给侧涌现出一批优质的电子竞技游戏产品，国内电子竞技俱乐部和战队逐渐在国际赛事中彰显强劲竞争力，在需求侧电子竞技也在国内挖掘出较广阔的用户市场，国内消费者对电子竞技产业的产品和相关服务表现出浓厚的兴趣和消费意愿。但放眼全球，我国电子竞技在产业化和规范化等方面仍与国际电子竞技强国有较大差距，主要体现在内容原创力、产业链布局以及产业传播影响力等方面。

（一）优质IP匮乏，原创版权营收能力低

IP（Intellectual Property）本义指知识产权，即人类在社会实践中创造的智力劳动成果的专有权利。随着概念的泛化，如今的IP经常作为一个商业概念出现，可以理解为一种将智力成果符号化后形成的无形资产，一项内容、产品甚至组织或个人的"IP化"都能帮助相关主体进一步释放其产业与社会影响力,延长其产业生命力。电子竞技作为一项新兴产业,高质量的 IP 运营是其延长自身产业链与价值链、扩大社会影响的重要手段。

电子竞技产业的 IP 化发展主要包括两条路径:一是对自身的游戏产品与服务、电子竞技俱乐部与战队、电子竞技赛事等进行 IP 化的包装和运营,打造原生于电子竞技领域的 IP 内容或形象。二是引入在其他领域已经具备较高影响力的 IP 内容与形象,通过跨界合作等形式将知名 IP 引入自身产品和服务体系,以期实现的效果。国外市场上的头部企业在这两条路径上都有较成功的尝试,如任天堂作为全球领先的电子游戏软硬件开发公司,一方面充分挖掘自身包括《超级马里奥》《集合啦!动物森友会》在内的优质游戏产品的 IP 价值,推出动画电影、形象玩偶、主题乐园等衍生产品。另一方面依托自身头部 IP 与环球影城等跨领域 IP 达成合作,进一步扩大自身原创 IP 的影响力和传播力。无论哪一条路径,都要求电子竞技产业主体本身具备个性化、高品质的内容和产品,依托优质的内容和产品即可打造游戏 IP、赛事 IP、俱乐部 IP 甚至选手个人 IP。

但国内电子竞技在这方面的实力和水平还相对较弱,主要表现在原创内容与产品匮乏、内容与产品 IP 化开发运营不足、版权保护与营收能力不足等方面。我国网络游戏产业萌芽于 20 世纪末,最早以 PC 游戏以及代理游戏为主。在世界范围内比较成功的《英雄联盟》《守望先锋》和《刀塔》等游戏均由外国游戏厂商研发,国内游戏公司仅代理运营。受到早期游戏代理业务的影响,我国国内目前发展迅速的电子竞技游戏产品均有国际头部游戏产品或企业的痕迹,如近年来风靡的《英雄联盟》作为电子竞技领域的头部游戏产品之一,是由美国拳头游戏开发、中国大陆地区腾讯互娱天美工作室代理运营的。这表明国内电子竞技产业链上游的游戏研发与发行企业在游戏产品的原创研发和 IP 挖掘方面还存在较大的成长空间,只有培育和挖掘更多国内优质电子竞技 IP,才能更大程度释放国内电子竞技产业的国际影响力和生命力,在国际电子竞技产业竞争中获得更多的主动权。此外,从赛事 IP 改编和跨界运营等方面看,我国电子竞技产业也存在较大不足，在泛娱乐背景下，各产业联动融合程度逐渐加深，电子竞技与影视、文学、动漫等其他泛娱乐行业跨界合作，围绕内容和产品IP打造泛娱乐生态产业链已成为当前电子竞技产业发展的重要趋势，而我国在这些方面的尝试明显尚处于初级阶段。

IP的培育和版权保护的推进是紧密相关的两项重要工作：原创IP的开发是释放电子竞技产业活力和生命力的关键举措，而版权保护意识的提升和版权规范工作的落实是保障电子竞技产业市场环境、为原创电子竞技IP保驾护航、提升原创IP市场表现力的必要前提。除了IP培育和挖掘的欠缺，国内电子竞技产业还面临版权保护力度不足、版权市场混乱等问题。与传统的文学、电影等文化产品相比，电子竞技领域的游戏版权比对和侵权认定存在更多难点，特别是大型的扮演游戏和竞技游戏，它们基本都有多条故事线以及多变的结局，每个玩家不同的选择会触发各类剧情，所以难以像传统的电影作品一样，对画面进行逐帧比对。有的游戏更改了原游戏主角的名字、描述细节等内容，但是人物的刻画和主线情节刻画方面却仍是照搬照抄，这在侵权认定环节会比较困难。例如盛趣游戏公司打造了《传奇》《龙之谷》《冒险岛》等一系列经典游戏，但如《传奇》系列游戏，在2002年就出现了"私服"。近年来，涉及网络游戏侵权的类型也越来越多样，有的是"私服"的整体复制，有的是跨端的端游侵权，还有的是文字改编侵权，以及游戏直播、短视频侵权，反映出国内电竞行业亟须增强版权保护意识的现状。

（二）头部企业固化，多元化竞争不充分

随着电子竞技产业的发展，电竞产业链各环节均已产生较成熟的头部企业，尤其是游戏研发与发行、电竞赛事联盟、电竞俱乐部、电竞游戏公司、赛事制作公司、游戏直播平台等产业链中的主要参与主体，在长期的探索中形成了一批实力雄厚、影响力广泛的企业。但头部企业的崛起和发展一方面表明了产业领域稳定的发展势头，同时也暴露了产业经营主体相对固化甚至头部垄断等问题，不利于市场的多元竞争和创新发展。

在电子竞技产业链上游，国内外均出现了一批相对成熟的游戏研发与发行企业，其中以动视暴雪、艺电（Electronic Arts，EA）、索尼、任天堂、育碧等为代表的国外电子游戏企业占据了国际市场的大部分席位，这些企业在电子竞技领域起步早、技术先进、代表作品多、盈利能力强，在国内电子竞技市场上也有着很大的市场影响力。放眼国内市场，以腾讯、网易为代表的老牌互联网公司在电子竞技领域的布局逐渐成熟，从游戏代理起步的国内电子游戏企业逐渐形成了具有自身特色的产品和服务体系，也推出了《王者荣耀》《梦幻西游》等一批在国内外市场广受欢迎的电子竞技游戏产品。目前营收能力较强的电子竞技游戏产品开发和运营归属于以上头部游戏厂商，国内如腾讯、网易、拳头游戏、巨人网络等企业占据头把交椅的同时，也压缩了行业内中小企业的生存空间，优质的企业和产品经常面临融资困难、版权保护不足等局面。长此以往，头部游戏研发企业形成了对市场的绝对影响力，中小企业的营收能力进一步下降，被头部企业收购并购甚至面临破产。对整个电子竞技产业市场而言，将导致电子竞技产业链上游出现"马太效应"，头部企业依托其长期以来积累的发展优势越来越强，而成立较晚、资本实力较弱的优质游戏研发企业则面临严峻的生存挑战。

电子竞技游戏的研发和运营往往与赛事的运营深度绑定，产业链上游头部企业的垄断必然会导致产业链中游赛事运营领域的固化。作为电竞赛事的授权方、主办方，电子竞技游戏的研发与运营企业在赛事运营领域有着不容置喙的话语权。例如Valve公司主办的DOTA 2国际邀请赛，Valve公司不仅负责该游戏的研究、发行与运营，也负责对DOTA 2系列赛进行授权；上海落地的各项大型国际赛事，也都是由各大头部游戏厂商、游戏运营商主办，它们对比赛有着绝对的主导权。第三方电竞赛事运营商往往与头部上游厂商保持稳定紧密的捆绑，才能获得更大、更稳定的发展空间，比如VSPN背后拥有腾讯注资，手握《王者荣耀》《和平精英》等联赛运营权;香蕉集团主打的是《绝地求生》;NEOTV则主要运营网易暴雪系列赛事。在此基础上,头部企业对电竞赛事的版权保护意识也显著增强,所以如《王者荣耀》《英雄联盟》等游戏赛事无法有明确的整编标准,只能以邀请赛的形式进行,多数为表演赛,在这些已经成型、有固定受众的大型赛事中,其他产业主体很难参与其中,这间接导致了第三方赛事难以出头。长此以往,中小电子竞技赛事运营企业的业务大幅缩水、赛事体量持续减少,严重限制了电子竞技市场的多样性和竞争的开放性、公平性。

电子竞技产业下游的内容制作与传播领域,同样面临着头部企业垄断市场的局面,国内部分头部互联网企业逐渐成为覆盖电子竞技全产业链的综合性游戏企业。如在目前的游戏直播行业中,虎牙、斗鱼、企鹅电竞等企业主体位列前茅,2020年腾讯旗下全资子公司Linen Investment Limited以约2.6亿美元的收购价向欢聚集团购买虎牙1652.38万股B类普通股,成为虎牙的最大股东,加上此前腾讯创设的电子竞技平台企业电竞、此前已完成股份收购的斗鱼,腾讯基本形成了一统游戏直播行业的格局。头部企业的固化将会进一步阻碍潜在竞争对手进入电竞直播行业,或者虽可进入该行业但根本无利可图。例如,由于腾讯在游戏直播行业的上游行业——游戏版权与电竞内容行业内占据主导性地位,因此如果它拒绝向准备进入游戏直播行业的一家平台企业授予腾讯互娱天美工作室衍生内容版权,那么可能直接导致该家平台企业无法进入游戏直播行业,无形中限制了行业内的多元化竞争。

(三)技术起步晚,自主创新能力待提升

电子竞技的技术竞争主要在于相关技术储备与创新研发,核心技术主要包括技术架构、技术模型、技术示范等成熟度,电子竞技行业的技术研发与创新速度,决定了企业的竞争技术壁垒与市场占有率。

在游戏研发环节,电竞项目核心科技的开发离不开大量的投入与漫长的周期,优质电子竞技游戏的研发需要具备相对健全的电子游戏技术体系,其中游戏引擎是游戏制作的基础，是整个游戏的底层代码，也是决定用户游戏体验感的核心。游戏引擎为游戏设计者提供各种编写游戏所需的工具，其目的在于让游戏设计者能快速地做出游戏程式。一般而言，一个完整的游戏引擎体系包含以下系统：渲染引擎（即"渲染器"，含二维图像引擎和三维图像引擎）、物理引擎、碰撞检测系统、音效、脚本引擎、电脑动画、人工智能、网络引擎以及场景管理等，游戏引擎的发展进化历程主要体现在引擎稳定性提升、渲染由2D变为3D等方面。目前中国的游戏开发厂商从2D进化到3D的时间相较国外还很短，虽然已经可以满足国内网游的绝大多数需求，但在高端渲染方面仍有很大不足，尤其是与国际行业巨头Unreal、Unity等相比还有较大差距。除渲染技术外，我国如物理引擎、网络引擎等更加细分的技术领域也处于很大的空白期，国内电子竞技技术的量变到质变仍需要时间。

在电子竞技产品与赛事运营环节，国际市场引入了越来越多的显示与影像技术来提升电子竞技赛事的沉浸感和转播内容的视听冲击力。同国际市场较早发展起来的电子竞技赛事与内容运营相比，我国的付费电视节目、影院电视、交互电视游戏等产品形式是20世纪末才陆续出现的，专业的电子竞技赛事和内容运营的发展更晚。尽管国内早期的电子竞技赛事和内容运营商也逐步开放了点播功能，但是这些功能的运行结构趋向于受众单向传递，用户的体验感和交互感较弱，与国际水平存在明显差距。

（四）运营模式单一，传播与影响力不足

电子竞技产业社会影响力的扩大和综合价值的释放离不开产业链下游内容制作与传播环节的加持。截至目前，我国已经初步形成以电子竞技赛事为核心的电子竞技新媒体传播生态，其中电子竞技直播和衍生音视频在新媒体环境下成为电子竞技产业开拓用户的主要形式。但与其他文化与体育产业类别相比，电子竞技产业在全媒体环境下的运营与传播影响力仍有较大差距。

一方面，我国电子竞技产业运营与传播环节存在传播渠道单一、内容形式不够丰富等问题。目前我国电子竞技的衍生内容主要集中在斗鱼、虎牙等垂类直播平台，同时在哔哩哔哩、抖音、快手等平台也有部分以短视频形式存在的电子竞技相关内容，但主流平台、传统长视频平台上缺乏相关内容，很大程度上限制了用户的触达范围，不利于产业影响力的进一步扩大。此外，各个内容传播平台往往是"各自为政"的状态，内容和形式的同质性较高，渠道和平台之间竞争激烈。内容环节竞争的一大表现即版权的竞争，斗鱼和抖音等平台在赛事版权等方面占有优势，其他综合类短视频平台常常面临版权侵权等问题，不同平台之间尚未形成体系化的高效协同架构，在限制了电子竞技相关内容在互联网渠道的传播之外增加了不同平台之间的内耗，长远来看不利于产业信息的自由流通。

另一方面，与国际电子竞技强国相比，目前我国对电子竞技产业的社会认可度相对较低，主流媒体对电子竞技运动与产业的态度也相对谨慎，一定程度上限制了电竞产业社会影响力的扩大。基于我国传统的文化惯性，在我国公众的语境中电子竞技往往被视为"打游戏""玩"，加上与电子竞技紧密相关的电子游戏产品确实与部分青少年的游戏沉迷现象相关，因此电子竞技产业的营销和传播推广受到的社会阻力较大，与其他文化产业及体育产业项目相比，出现在主流媒体平台上的正面信息较少，受众的圈层相对固化。但近年来得益于我国电子竞技俱乐部和战队在国际电子竞技赛事中的优异表现，越来越多与电子竞技赛事相关的信息被发布在社交媒体平台上，增强了社会公众对电子竞技运动及电子竞技产业的认知，这对电子竞技产业主体而言，无疑是拓宽内容传播渠道、打破产业刻板印象、吸纳新一批电竞产品与服务用户的良好机遇。

（五）区域发展不均衡，产业政策同质化

目前我国各地区的电子竞技产业发展水平较不均衡。从近年我国各省市电竞相关企业数量排行榜来看，各地电竞相关企业数量差距极大，排名靠前的广东省、上海市等地区电竞相关企业布局密集，几乎达到了排名中下游的各省市电竞相关企业的数量总和。除企业数量外，这种区域产业发展不平衡的问题还体现在重大赛事举办次数、电竞相关设施建设、人才培养重视程度等各个方面。除广州、上海等公认的"电竞之都"以外，大部分城市都缺乏行业发展需要的物质保障与硬件设施的完善，包括急需升级的网络速度与稳定的技术支持等，否则就算是承办比赛，也会存在延迟、掉线、暂停比赛排查异常等情况，严重限制了当地电子竞技产业的发展和产业影响力的提升。

　　区域电子竞技产业的发展离不开国家和地方政府的大力支持，国家和地区的相关扶持与引导政策为电子竞技产业的健康发展准备了条件。为进一步推动电子竞技运动发展，更好地规范电子竞技赛事运行，2022年，国家体育总局根据《关于推进体育赛事审批制度改革的若干意见》和总局有关要求出台了《电子竞技赛事管理规定》，但由于尚未明确其研发产业属性，故电子竞技领域还面临多政府部门交叉管理的局面，在政策出台和落实实践中仍存在一些弊端。目前，我国政府对游戏前期出版的把控相对严格，基于版权保护、内容审查等多重考虑，电子竞技产品和服务进入市场之前要面临较长周期的申请审核环节，每年能拿到游戏版号上线的游戏产品逐渐减少；电子竞技赛事的申办和落地也需要完成较长的行政审批流程，一定程度上限制了电子竞技的区域产业实践。与电子竞技产品和服务获取资质上线前的繁杂审批相比，产品和服务上线后的政策监管又不尽完善，市场上部分电子竞技相关企业钻政策的漏洞，利用"马甲包"规避版号收紧的风险，甚至试图通过后续对游戏内容的修改走边缘路线，不惜传播低俗文化获取非法利益。

　　分区域来看，目前我国电子竞技产业的区域发展存在优势地区"赢者通吃"、其他地区盲目效仿的情况。在电子竞技产业红利尽显的当下，我国具备一定互联网产业发展基础的地区均在试水电子竞技，但这些尝试的效果不尽相同。有些地区虽然出台了相关政策，但是力度不足、方向有误或盲目复制成功地区经验，例如2017年江苏太仓、重庆忠县、河南孟州、浙江杭州、安徽芜湖、山东章丘等多个县市纷纷展开行动，对外宣布了建设电竞小镇的计划，并开始招商引资，多地投入资金超过20亿元；但许多地区时至今日仍因规划等问题没有完成基础场馆、电竞园区的建设，计划依然停留在纸面之上，完成之日遥遥无期，造成了人力物力等资源的严重浪费。随着国内头部电竞赛事LPL和KPL主客场制度确立，在腾讯电竞地域化运营的策略之下，大量赛事资源开始向一、二线城市汇集，许多地区已经建成的电竞小镇也因此陷入了无比赛、无大赛可办的尴尬境地。由此可见，我国电子竞技产业区域发展不平衡是与地区综合发展环境紧密相关的合理现象，但区域电子竞技规划的出台应避免盲目，若忽视区域发展现实、"跟风"建设电子竞技项目，则易造成投入大、收益小甚至资源浪费等问题。

（六）人才短缺，培育与保障体系待完善

随着电子竞技产业的迅速发展，与电子竞技相关的产业政策、技术能力、资金体系、基础设施等均加速完善，进入了精细化发展的新阶段，唯独人才培养和保障体系的健全是一个需要更长的时间与投入的领域。目前我国电子竞技相关产业人才的缺口较大，且面临结构性失衡的问题，人才建设水平的局限成为我国电子竞技产业发展的一大限制。

首先，电竞行业快速扩张、产业急速发展带来了人才短缺的困扰。巨大的人才需求量和目前我国电子竞技产业人才的储备量是严重不匹配的，电子竞技产业链上游从事优质竞技游戏研发和运营的高水平人才缺乏、产业链中下游电子竞技国际赛事运营和内容制播人才不足，造成了产业发展水平的整体受限。

其次，电子竞技专业领域的人才存在人岗匹配度低的结构性失衡，就电子竞技产业的完整产业链而言，电竞人才不仅是电子竞技运动员，与电竞产业相关的竞技游戏研发、赛事主办方、电子竞技解说、战队与俱乐部教练、数据分析师甚至竞技游戏陪练等，均属于电子竞技产业人才的范畴。目前我国对电子竞技人才的培养明显集中于电子竞技运动员，社会公众对这一群体的关注度更高，培养效果也更容易体现在竞技成绩上。但产业链条中的其他环节也需要与之匹配的专业人才，暴露了我国电子竞技产业相关专业多元教育滞后、产业人才培养体系不健全等深层弊端。

人才培养的分级方面也相对滞后，各学校在招生过程中并未明确本科、专科、中职或者社会培训之间的定位差异，更难以达成是按照普通类招生、美术类招生还是表演类招生的共识。课程教学也是在已有的师资团队基础上，以"电竞"作为噱头吸引学生，实际教学中"因人设课"，没有完善的系统性架构。什么样的人属于电子竞技人才？在学校尚未明确这一概念时，更别提以经济为第一导向的电竞企业，它们在招收人才时也没有统一的岗位衡量标准，对人才的培养与指导完全随心而定，这一新兴行业的职业资格认证工作也尚未落实。电竞人才拥有什么样的核心竞争力？电竞从业人员职位划分与晋升通道是什么？国家对应的考评机制是什么？这一系列问题都亟须解答。只有统一企业用人的标准，建立人才自我完善和提高的通道，才能规避电竞人才成长的风险。

最后，电子竞技运动员的退役保障机制还不健全，大部分电竞选手没有将职业生涯与退役后生活进行规划联动发展，退役后的生活保障、再培训和继续教育进修等事务完全依赖于就职企业进行疏导管理。而俱乐部本身的营利性目标定位，也使其拒绝为电竞人才提供长远的生活保障。所以相对于其他竞技运动员，电子竞技运动员的身份属性并不明了，更接近于企业员工或者媒体包装的明星。目前一线明星电竞选手的工资极高，拿到大型赛事名次还会额外有巨额奖金，"挣快钱、快挣钱"是目前电竞从业者的普遍价值观，这正是退役后生活无法得到保障的不安感所导致的。如果不能尽快推出电子竞技人才培养和职业发展的标准体系，退役后的再就业渠道不能拓宽，就会缺乏围绕电子竞技人才培养的后续动力，很大程度上会成为人才培养与输送体系的一大限制因素。

二、中国电竞发展路径探析

综合以上对电子竞技产业发展局限的分析,我国电子竞技产业当下存在的问题可以归纳为产业内容与产品的原创力不足、产业集聚效应欠缺、产业传播影响力不足等,这些问题与人才体系、技术体系、传播运营体系等因素相关。为进一步提升我国电子竞技产业的发展水平、克服现有发展困境,相关部门需要从增强原创力、强化产业链整合效应以及优化产业传播力、影响力等角度入手。

(一)健全人才技术体系,激发产业创新活力

无论何种产业,人才的培育、引进和保障都是产业发展的重要基础性因素,人才的缺口和结构失衡将造成产业发展的不平衡、不持久。因此我国电子竞技产业发展的一条基础路径即健全人才培养与引进体系,搭建领域齐全的高水平电子竞技人才储备体系,从而为电子竞技产业的全产业创新发展引入人才"活水",提升电子竞技产业的创新活力。

1. 引育高端人才,夯实产业基础

在人才的培育和引进方面,首先应作为重中之重的是高校培养机制的调整与升级。根据我国国情,相关部门应从以下几个方面入手:一是根据人才市场现状,重新衡量基础教育中的文理分科状况,全面推动高校学科融合,不再单一路径储备人才。二是加大英语和计算机教育力度,提升学生和家长对其的重视程度,以实用性为导向,多元化考核。三是拓展高校教师的评教资格方式,除科研成绩外,关于游戏的行业知识与实践经验也应该被纳入评测一列,建立起以结果为导向的评审机制。四是明确并梳理高校在游戏产业的资源优势,利用优势整合国内电竞市场人力资源需求,直接对接企业需求,达到资源最大效率化,以解决人才供需平衡落差问题。现如今,多所高校已经率先付诸行动,如中国传媒大学、四川传媒学院等院校纷纷开

设相关专业，投入先进师资，努力完善培养体系和课程体系，从源头发展，培养高标准、多层次、宽领域的综合型专业人才，从而反哺于国内电子竞技事业。

高校之外，政府和相关企业主体也应承担起人才引育的责任。政府应调整电竞产业与人才培养相关政策，以吸纳高层次科技人才与海外学者的方式，为电子竞技发展赋能。同时，在电子竞技已有产业布局基础上，发挥地域性优势，助力部分城市发展为电竞特色小镇，设立电竞教学标准研发中心、电竞运动员资质认证中心、电竞师资培训和学生实践实训中心等新型机构，推进我国电子竞技向着科学化、常态化、绿色化道路迈进。

2. 重视研发创新，提升上游竞争力

当前，我国游戏产业发展势头良好，在移动端游戏领域已经居于全球领先地位。但面对欣欣向荣的电子竞技产业，我国在核心技术方面仍面临桎梏，且缺乏本土优质游戏产品，凸显出我国在竞技游戏研发领域缺失核心竞争力的现状。随着全球5G时代到来的是GPU（Graphics Processing Unit）计算能力、图形渲染能力和数据传输能力等技术的大幅度提升，这意味着适用于各种电子竞技游戏的装置也会更加轻便化。可以说，5G网络会掀起游戏的新一轮大变革。

截至目前，我国在全球范围内的5G布局占据明显优势，这为我国电子竞技产业在技术领域实现"弯道超车"准备了条件。利用新一代信息技术，电子竞技产业相关主体可以以高端技术为突破口，研发新一代竞技游戏产品，提升竞技游戏产品的性能，增强我国电子竞技产业上游的整体竞争力。得益于5G云端渲染技术能够将高性能的GPU处理器放在云端的能力，终端设备的计算压力和复杂程度被明显降低，为移动端竞技游戏的推广提供支持；同时，5G及其他高新技术契合了玩家看重的终端移动性和游戏内容高质量性，如AR/VR体验，玩家可以抛却安装和游戏介质约束享受云游戏；此外，5G所支持的物联网还能让游戏中的角色和环境互动，使玩家产生超凡体验，消费者无须很高配置的主机和设备就可以享受大型极致游戏,为移动终端竞技游戏的研发提供了更多可能。因此,着力提升5G等新一代信息技术在电子竞技产业领域的应用程度、以新技术优化产业产品与服务水平,成为我国电子竞技产业发展的必由路径之一。

3. 掌握核心技术,经营自主产权

中国游戏与电子竞技产业的持续发展,始终绕不开核心技术问题,大力开发拥有自主知识产权的游戏引擎技术、操作系统、游戏芯片等成为当务之急。同时,国内正在填补当前自主研发网络电竞的空白市场,这就需要申请自己的电竞IP。一方面,相关企业要紧跟国家宏观政策,将资金投入着重放在产品研发维度上,组建独立研发团队,从源头上夯实电竞产品研发的物质基础;另一方面,国内电商也应向国外借鉴、学习其优势,省却以往与国外电竞技术公司交涉的烦冗步骤和资金问题,研制出真正集核心技术与自主知识产权于一身的独有电竞游戏。从研发制作游戏的角度来说,应该结合电竞产业特性,兼之游戏内容深度融合,从源头下手,真正做到从技术层面、内容层面双向增强电竞游戏的创作独特性与原创能力。

在采纳高新技术进行新竞技游戏研发的基础上,我国电子竞技产业相关主体应进一步树立产权意识,经营自主产权,从而掌握国际电子竞技产业竞争的主动权。近年来,自主知识产权这一概念随着经济知识时代的发展越来越得到社会关注,它可以是任一自主研发品牌、书籍或某种核心资源。随着我国电竞产业的不断发展与扩张,知识产权这一板块也亟待与国际接轨,尤其是在电竞产业领域。正如前文分析,我国电子竞技产品的核心技术多依赖国外,自主创新能力不足,尤其缺乏体系完备的软硬件生产商,致使电竞赛事产业链上游始终动力不足。

因此,研发具有自主产权的高质量电子竞技游戏产品,并进一步扩大推广范围,如国际电子竞技赛场,解决游戏内容自主产权与核心技术短缺问题,是产业发展策略的重中之重。

（二）优化 IP 运营模式，提升产业传播影响力

电子竞技产业的 IP 化运营成为近年来调动竞技游戏这一核心资源、释放电子竞技无形资产价值的新潮流，有助于提升产品与服务本身的传播影响力、优化产品与服务的价值定位，更有利于电子竞技产业传播影响力的整体提升与社会感知的全面优化。对电子竞技产业的 IP 运营有赖于新一代传播营销技术的应用，以及 IP 运营思维的梳理和 IP 矩阵的搭建。

1. 新一代移动通信为 IP 运营赋能

5G 等网络新一代数字信息技术的加速普及为各类智能化技术、移动智能终端设备的发展奠定了基础，新的技术环境搭建了高带宽、低时延、高传输、高质量的平台，为电子竞技产业的多样化营销传播准备了条件。

近年来，基于新一代 5G 云技术、虚拟现实技术的全新电子竞技产业生态正在形成，中国 5G 基建与终端普及带来的新一波红利正在酝酿。在此背景下，电子竞技产业链条中的内容制播主体应借助 5G 技术的传输优势，更新终端设备，推动 VR 技术产品化、轻量化发展。此外，应将 5G 应用于电子竞技赛事的转播，使 AR/VR 游戏赛事转播成为可能。2020 年 10 月 18 日，由网易影核与中国电信天翼云 VR 联合举办的《节奏空间》电竞挑战赛全国总决赛于"2020 世界 VT 产业大会"期间开打，开启了"VR 游戏 + 电竞"系统性发展的先河。整场赛事覆盖了全国 28 个省市、100 余座城市、千余家线下 VR 门店，共计 3000 余名选手参赛。与其他探索性 VR 游戏电竞不同，该赛事结构完整，包含了全国多阶段选拔、营销宣传、线下线上直播、多种亚文化元素等的融入，为 VR 电竞进入大众传播视野铺设了较好的样板。在 5G 技术的支持下，未来 VR 游戏赛事将会获得更好的观赛体验，为优质游戏内容传播打下基础。

除了电子竞技赛事内容的制作和转播，新一代信息技术的发展更有利于多

样化内容体系的搭建以及电子竞技产业 IP 矩阵的形成。一方面，高速率、低时延的技术环境打造了"人人握有麦克风"的强互动传播生态，网络平台中的电子竞技用户除了仍然作为官方内容的接收者，更扮演了衍生内容生产者与传播者的角色，尤其是在各类社交媒体平台，社会公众对电子竞技相关内容的传播与互动成为电子竞技产业社会影响力扩张的重要渠道。另一方面，新技术为电子竞技产业的衍生产品与服务开发提供了更多可能，传统音视频形式的衍生产品不再是电子竞技产业开发的唯一选择，多渠道、多形态的电子竞技衍生产品和服务为单一电竞品牌的开发提供了多样选择，同时更为电子竞技产业整体提供了无限机遇。

2. 打造 IP 矩阵实现跨界破圈传播

在技术基础之上，我国电子竞技产业逐渐搭建起健全的传播渠道矩阵与 IP 产品开发矩阵。在传播渠道方面，应充分调动线上线下优质传播资源，利用微信、微博、快手、抖音等综合型新媒体，以及斗鱼、虎牙等电子竞技垂类流媒体，广泛传播电子竞技产业信息与内容产品，形成正面积极的营销传播效果。借助传统媒体的内容与品牌优势，培育和发挥新型媒体的流量聚集与引导作用，调用媒体平台矩阵释放产业传播力、影响力。

此外，应培育健全的电子竞技 IP 产品矩阵，如竞技游戏《王者荣耀》从一款现象级的手游起步，逐步建立起包含动漫、音乐、影视、综艺、戏曲、小说、赛事等多维度的 IP 矩阵，通过源头 IP 创造具有多元价值的衍生内容，进而不断扩充和丰富 IP 的内容及影响力，最终实现 IP 的跨业态发展，实现社会效益和经济效益的多重成果。在电子竞技产品 IP 化运营的体系中，应充分提升品牌无形资源的挖掘力度，使电子竞技全产业链朝着精细化、工业化和体系化的方向发展，制定完整统一的开发标准，从而增加符合产品调性的高质量衍生产品，实现电子竞技 IP 版权全产业链的成功运营。①

---

① 宋湘绮，胡沛晨. 我国电子竞技产业发展的困境和出路 [J]. 北方传媒研究，2021（1）：79-83.

第三节　中国电竞发展的趋势特征

▌一、电竞与本土发展规模

近年来，我国电子竞技产业迎来良好的发展环境，电竞已经得到官方"身份"认证，成为我国第99个体育项目，已经成为2022杭州亚运会的正式比赛项目。在政策鼓励、资本关注、大众接受程度提高等背景之下，产业链加速完善并快速发展，上游游戏研发运营、中游衍生内容制作以及下游内容传播平台均逐步实现成熟化运营，电子竞技市场呈现爆发式增长。

（一）市场规模

结合当下电子竞技产业实践，我国电子竞技的市场规模主要包括端游电竞游戏市场规模、移动电竞游戏市场规模、电竞生态市场规模以及游戏直播内容及游戏主播等赛事之外的产业链核心环节产生的收入。其中，端游电竞游戏市场规模和移动电竞游戏市场规模主要指中国大陆地区的用户为端游电竞游戏和移动电竞游戏消费的总金额，而电竞生态市场规模主要包括赛事门票、衍生周边、消费者众筹等用户付费，电子竞技赞助、广告、版权等企业围绕电子竞技赛事产生的收入，以及电子竞技俱乐部和选手的收入，不包括电竞教育与电竞地产规模。

根据2022年5月市场调研机构艾瑞咨询发布的《中国电竞行业研究报告》，2021年我国电子竞技市场规模约为1673亿元，同比增长13.5%。结合近年来我国电子竞技产业市场规模的数据，可以发现我国电竞市场规模保持平稳增长态势，电子竞技产业进入平稳增长阶段。随着大量政策扶持及资本力量的介入，中国电竞行业将加速向正规化、专业化方向发展，产业规模前景可观，未来中国将迎来"全民电竞"时代。

（二）细分市场规模

以上对电子竞技产业整体市场规模的数据表明，电子竞技产业各个细分市场的规模也呈现出稳步提升的趋势。但从细分市场的结构占比来看，不同细分领域的市场规模具有明显差异。

随着近年来移动终端设备的普及和新一代移动通信技术的推广，电子竞技产品和服务越来越多地呈现在移动终端中，为电子竞技产业收获了一批新用户的同时也显著提升了用户在移动端消费的规模。数据显示，目前移动电竞游戏收入占电竞市场整体收入的半数以上，在未来的一段时间内仍将占据电竞市场收入的半壁江山。在移动端电竞游戏市场规模和占比扩大的同时，端游电竞游戏市场的增长相对较慢，在细分市场中的收入占比逐年下降。在移动电竞游戏和端游电竞游戏之外，近年来我国电竞生态市场规模稳步扩大，且2020年以来电竞生态市场占比已超过端游电竞游戏市场占比。这表明，除游戏产品收入外，我国电竞赛事、电竞直播和电竞衍生内容作为电竞生态最主要的组成部分，发展态势良好，成为驱动电竞市场发展的新兴力量。

（三）营收规模

随着电竞市场规模的扩大，电子竞技产业的营收能力与盈利规模更受关注。目前，我国电子竞技市场主要包括游戏收入、衍生收入（直播、俱乐部）和赛事收入（门票、周边及赞助）三大部分，其中电子竞技游戏收入是我国电竞行业收入的主要环节。但从国际市场来看，中国电子竞技游戏产业在专利营收方面与美、韩等电子竞技强国仍有较大差距，衍生收入和赛事收入两大部分是未来中国电子竞技产业发展应注重提升的营收点。

（四）用户规模

中国如今已成为全球最大的电竞用户市场。各类统计报告一般将观看电竞比赛、直播，玩电子竞技游戏以及电子竞技产业相关从业人员称为电竞用户。

根据 Newzoo（国外专业的电竞游戏相关的市场分析公司）发布的《2021 年全球电竞与游戏直播市场报告》，在全球 2.34 亿名核心电竞爱好者中，中国地区人数达 9280 万人，成为拥有核心电竞爱好者最多的区域。

艾瑞咨询《中国电竞行业研究报告》的调研数据显示，2021 年中国电竞用户整体规模约为 5.06 亿人，同比增长 1.2%。同 2020 年电子竞技用户 5.5% 的增长率相比增速回落，但这在很大程度上与 2020 年疫情特殊背景下电竞用户激增有关。尽管电竞用户增速有所放缓，但在英雄联盟 S11 全球总决赛中国战队 EDG（EDward Gaming 的简称，一家电子竞技俱乐部）夺冠、杭州亚运会电竞项目公布的背景下，艾瑞咨询预测电竞用户规模有望在 2022 年得到进一步增长。除用户规模的扩大之外，用户结构也将在游戏行业未成年人保护政策逐步落实的背景下得到优化，电竞用户的年龄、性别结构也将更加平衡。

二、电竞与本土用户特征

随着电竞产业在全球范围内的扩张式发展，围绕其日益发展壮大的用户群体成为电竞产业研究的重要对象元素。在全球电子竞技产业市场中，我国的电竞产业用户具有自己的特点。首先，从年龄、性别分布上看，性别分布差异明显，我国的电竞用户仍以男性为主，近些年女性电竞选手的数量逐渐增长；电竞用户的年龄分布范围也呈现出扩大的趋势。其次，从消费能力上看，中等收入水平的电竞用户占比较高，中等收入水平的收入结构决定了中等消费水平的支出结构，现有电竞用户的收入水平还有进一步提升的潜力。最后，从用户的行为心理特征来看，电竞用户的兴趣主要集中在短视频、在线影视、社交媒体等方面，电竞赛事直播则受到了更广泛的关注。

（一）用户年龄与性别特征

根据 2022 年艾媒咨询（iiMedia Research）发布的《中国电竞行业研究报告》，2022 年我国电竞用户中，年轻男性用户占比最高，女性电竞选手初露锋芒。以上数据显示，我国电竞用户仍以男性为主，占比达到76.4%，女性占比23.6%；用户年龄集中在22～24岁，占比为26.0%。在性别特征方面，电竞用户存在性别占比失衡的问题，女性用户的占比相比2021年数据而言有所下降，一定程度上表明电子竞技产业对女性用户与消费者的持久吸引力不足。但长远来看，随着移动电子竞技项目的发展、电竞赛事体系的完善以及社会对电竞的认知度提升，女性用户更多接触并关注电竞领域，电竞游戏成为许多女性用户的娱乐选择之一，女性用户群体的比例在未来几年将呈现上升趋势。

除电子竞技游戏和赛事本身，部分优秀的电子竞技选手被包装成有商业和流量价值的明星，更有本身具有高流量、高热度的娱乐明星通过电子竞技衍生影视剧等形式普及电子竞技运动，为多元用户接触电子竞技运动及相关产业创造了机会。在多重机遇下，粉丝经济在电子竞技领域找到切入点，众多非电子竞技原始用户的粉丝群体开始接触并关注电竞领域，这些用户既深度参与电子竞技内容的消费，同时也存在转化为电子竞技玩家和其他产品消费者的可能，这一趋势无疑会催化电子竞技产业用户的年龄性别比例的变化。

（二）用户收入与消费特征

艾瑞咨询发布的2022年中国电竞用户个人月收入水平及消费水平数据显示，我国电子竞技用户的收入水平和消费水平有两方面的特征：一方面，中等收入水平的电竞用户占比较高，2022年中国电竞用户（除学生等无收入人群）中个人月收入在6001～8000元的占比最高，达到23.6%。另一方面，中等收入水平的收入结构决定了中等消费水平的支出结构，电竞用户个人月消费在3001～5000元的占比最高，达到23.9%。结合我国电竞用户的年龄结构可知，现有电竞用户的收入水平还有进一步提升的潜力，这是电竞产业的良好机遇。

（三）用户行为偏好及心理特征

1. 电竞游戏类型偏好

从电竞游戏类型来看，目前国内流行的电子竞技游戏类型主要有即时战略游戏（HTS）、第一人称射击类游戏（FPS），以及体育模拟类和卡牌类等。不同游戏类型性能有别，对玩家也有不同的技能要求，MOBA类游戏成为电竞游戏产品市场中的头部品类。

根据艾瑞咨询2022年的调研数据，从电竞用户偏好内容看，MOBA类、战术竞技类和射击类电竞内容最受用户欢迎，在所玩电竞游戏、观看游戏直播及观看电竞赛事的占比中，三者的渗透率均超过了60%，而其他类型电竞内容仍处于用户培育阶段，用户渗透率尚在50%以下。这一调研结果表明，竞技类游戏产品的用户普及程度与该游戏产品的类型与特性紧密相关。MOBA类游戏无须操作RTS游戏中常见的建筑群、资源、训练兵种等组织单位，难度相对较低，在非职业玩家大量涌入的背景下，用户对MOBA类游戏内容的接受度明显更高；RTS强调"实时策略"，对于玩家的操作要求较高，在高效操作各个作战单位的同时，还需要进行策略思考，游戏强度较高。FPS最大的特点是玩家视角的变化，此类游戏充分发挥屏幕作为玩家与游戏世界交互介质的功能，通过屏幕中视角的搭建和转变，实时代入感和真实感最佳，因此RTS和FPS类型游戏内容的传播度较高，电竞用户对此类游戏的赛事和直播的观看行为较普遍。

2. 用户付费行为特征

电竞用户的收入结构和消费水平在一定程度上反映了其在电子竞技领域的付费水平。有数据显示，我国逾90%电子竞技用户均在调研日期截止前的一个季度内有过游戏付费情况，端游用户付费300元以上的人数明显高于移动端用户；除游戏付费以外，国内电子竞技用户还存在电竞直播付费、赛事付费、周边产品消费等与电子竞技相关的支出行为。

随着国内知识产权教育的深入，知识付费、娱乐付费等观念被更多消费者接受，电子竞技用户在游戏软硬件、游戏内容以及其他衍生产品上的付费行为将更加频繁，为我国电子竞技产业市场规模的进一步扩大、产业运营模式的进一步丰富奠定了基础。

3. 用户的相关兴趣图谱

在行为偏好方面，我国电竞用户在休闲活动方面有明显的数字化特征，深度介入数字娱乐和新媒体社交，且国内电竞用户现已养成观看直播和短视频并承担线上数字内容付费的行为习惯，这与后疫情时代"宅经济"需求扩大的趋势相一致。综合来看，电竞用户的兴趣图谱呈现出电竞用户对在线影视、短视频、社交媒体等的使用偏好，其偏爱玩电竞游戏、观看电竞游戏直播和电竞赛事，表明与电子竞技游戏直接相关的文娱活动对其具有最强烈的吸引力。尤其是直播和短视频，成为近年来电子竞技用户偏爱的线上休闲娱乐活动。

此外，同样存在大量电竞用户观看电影、电视剧、综艺、短视频、网络小说、动画动漫等电子竞技衍生内容产品，表明在电子竞技 IP 化的过程中，这些内容形式都是电竞用户喜闻乐见的，有巨大的开发空间；另有部分电竞用户偏好其他非竞技类游戏，比如刷微博、微信等社交媒体，表明该群体存在线上社交的行为偏好。

4. 用户的群体心理特征

从我国电竞用户的年龄结构来看，年轻用户居多。结合我国电竞用户年龄与性别特征，初步判定其普遍具有情感认同度高、衍生消费意愿高、乐于分享、习惯跨界、有电竞社交基因、追求刺激等心理特征。对青年用户而言，其想象力和创造力丰富，对消费时尚较敏感，追求新潮、新颖的内容和产品，对新鲜事物的接纳程度和包容度较高，购买欲望和行为具备明显的冲动性和情绪性；对男性用户而言，竞技类游戏对其有更明显的吸引力，而近年来女性用户同样有接纳和追求经济刺激的消费需求。

参考这些心理特征与需求，是电子竞技产业相关主体优化自身产品、内容和服务的必要前提。比如结合青年用户对新奇性、时尚性的敏感度，电子竞技产业相关从业者应从产业和运营角度提升自身的创新水平和文化内涵；又如近年来女性用户更多地参与到电子竞技产品和服务消费队伍中，游戏研发商应更考虑女性玩家的操作习惯和心理定位，运营商也应提供更符合女性感性消费观的营销点。结合用户分享意愿强等心理特征，相关主体应更注重游戏产品或服务与国民社交分享平台的联动互通性，提升视听内容跨平台分享的便捷性、观赏性。

三、电竞与本土创新特征

（一）技术：智能技术加速布局电竞产业

目前，电竞逐渐开始依托以人工智能为特征的技术，主要包括传感器、虚拟现实、人机交互等。这些技术的人工智能特征主要表现为对人类能力的模拟、加强和扩展，从而进一步增强电竞用户的游戏体验，满足电竞用户的需求。[①]

技术发展是游戏产业高速发展的内在驱动力，推动整个电竞产业的演变和升级。人工智能、大数据、5G、云计算等技术的应用引发了我国新一轮的电竞产业研发和创新，从而加速了我国电竞产业的升级发展。相较于传统体育项目，电子竞技可以包容和适应各种新兴技术的发展与创新。科技是第一生产力，云技术、虚拟现实技术正在带动信息科技的新一轮发展。在高速发展的数字时代，人工智能技术与文化创意产业的结合可以在产业升级、内容生产和用户参与等层面产生巨大变革，电竞产业面临巨大的发展机遇。

以VR技术为例，VR主要利用影像技术创建和模拟一个同现实无限接近的虚拟仿真系统。早在20世纪90年代左右，日欧游戏商就已经开始尝试将其引入游戏产业，但由于技术问题原因并未坚持下去。如今，随着5G通信技术的成熟，VR技术在电竞领域的应用将极大程度地带动电子竞技走上体育化之路。2021年4月，北京移动、当红齐天集团联合宣布在"5G VR 电子竞技全

[①] 段鹏.智能媒体语境下的未来影像：概念、现状与前景[J].现代传播–中国传媒大学学报，2018（10）：1–6.

国挑战赛"上达成深度合作,带来了颠覆性的电竞赛事体验,通过借助最新发布的处理器(Ice Lake-SP)使 5G VR 电竞获得巨大的性能优化、提升。这一技术可以使电竞游戏同场作战距离大大拓展,不但可以提供自由的室内多人比赛,而且可在一定范围内随意移动,甚至相距几公里、几十公里的异地玩家,都可以同时接入 5C VR 游戏,就像正常的联机比赛。此外,玩家不再需要背包,只需佩戴常规的 VR 眼镜,手持控制器,就可以轻装上阵,数据基本都在云端和边缘进行处理,再通过 5G 低时延、高速传输给玩家,从而大幅提升用户的游戏体验,增强游戏沉浸感。

在新一代智能技术的加持下,电竞的对决将超越电子屏幕前的脑力对抗,同时也有赖于选手的体力运动,形成游戏和运动完美结合、真实世界与虚拟世界的交融。人工智能技术推动电子竞技产业工业化能力不断加强,不断提升电子竞技游戏质量与制作速度,成为新的产业增长点。未来我国电竞产业可以依靠 VR 等新技术手段,为电竞用户带来全新观感体验,使远程 VR 电竞和云游戏电竞成为可能,进而为电竞内容付费创造更多机遇。

(二)产品:优质 IP 打造高质量内容生态

随着电竞游戏逐渐发展成熟,知名游戏 IP 基于本体游戏世界观,衍生出各类游戏产品,从而提升游戏新鲜感,增强用户黏性。我国电子竞技产业的相关从业者也逐渐摸索出了电子竞技 IP 化开发和运营的经验,开始通过结合各游戏电竞赛事,打造游戏生态 IP,使得电竞游戏 IP 的价值进一步提升,从而扩展了未来电竞市场。在电竞游戏和电竞赛事之外,头部电竞 IP 已开始逐渐打造自身的衍生内容,衍生内容矩阵逐渐形成。

电子竞技拥有带动游戏、数字内容、硬件以及泛娱乐等产业的能力,特别是电竞头部 IP,除了自身赛事之外,还能延伸出许多动漫、影视、文学、体育等领域的周边衍生品,是产业升级、企业发展的重要驱动力。头部游戏 IP 背靠游戏本身,开发出衍生游戏内容,占领更多游戏细分市场,助推原有赛事升级为成熟赛事体系，提升电竞产业增量。

除此之外，各种围绕电竞赛事、综艺、教育、服务而开发出的"电竞小镇"层出不穷，形成了一大批外延产业。2017年腾讯电竞宣布与超竞合作，宣布在5年内于全国主要城市的核心地段布局超过10个泛娱乐电竞产业园；苏宁、阿里、腾讯等商业巨头也参与到电竞场馆的产业投资中，通过"电竞+"等模式，带动了上下游相关产业快速发展。

（三）营销：版权日渐规范，助力产业传播

电子竞技赛事版权成为电竞产业关注的焦点，如何最大限度发挥赛事版权价值将成为中国电竞内容传播平台未来的发展重心。

在国内，各头部直播平台也纷纷高价购买知名电竞赛事版权。2021年，虎牙直播获得未来五年LPL联赛（League of Legends Pro League，英雄联盟职业联赛）、LDL联赛（LOL Development League，英雄联盟职业发展联赛）、LPL全明星周末及颁奖典礼有关内容资源的使用权（直播权和点播权）及将该等权利转授予第三方的权利，适用范围为中国大陆地区，总金额达到人民币20.13亿元。在大型赛事版权上，虎牙是唯一拥有《英雄联盟》LPL、LCK（英雄联盟韩国冠军联赛）、LEC（英雄联盟欧洲冠军联赛）和LCS（英雄联盟冠军系列赛）四大赛区版权的直播平台，内容全面，合作稳固，赛事板块庞大。而虎牙在头部版权的优势也使其具备了行业较高的用户黏性。根据艾媒咨询，虎牙每周观看一次直播以上的用户占比达87.9%，高于企鹅电竞的85.5%、斗鱼的84.8%。作为电竞平台未来的重点发展方向，赛事版权的购买能够吸引大量的用户关注，使中国电竞内容传播平台获得大量经济收益。

（四）文化：电竞文化初成，社会认知提升

一个产业的发展，需要两个环境：一是"硬环境"，即产业本身的环境；二是"软环境"，即社会环境。而社会舆论的指向性、社会的文化认同感、大众的价值趋向等，都是社会环境的重要构成部分。良好的社会环境和社会氛

围,是产业顺利发展的土壤和基石。长期以来,我国电子竞技与我国主流舆论和主流文化融合得较差,受到社会固有观念以及人们认知偏差的影响,同时没有在媒体上获得话语权,"电子竞技"在社会的关注度和认可度上长期处于劣势,在社会文化需求层面的存在感也不强。

"不只是游戏:是体育,是艺术,也是文化。"2020年3月一部名为《电子竞技在中国》的纪录片在CCTV《发现之旅》播出,这是继2003年《电子竞技世界》后电竞相关节目再次登陆央视。该纪录片总历时457天拍摄完成,涉及20余项不同游戏的赛事,采访了超过80余位电竞行业资深人士,全方位覆盖了中国电竞行业的现状。在电竞发展的17年期间,电竞的内容形式、相关政策法规、大众认知等都发生了巨大变化,电竞产业原有的负面印象逐渐消退,社会对电竞这一新兴运动的认可度不断上升。该片也深刻体现了电子竞技产业对于国家文化传播的重要性,即电竞游戏承载着文化输出的功能。随着海外电竞大幅输出到中国,欧美文化也不断浸入本土文化,推动了文化融合创新机遇的同时,也为传统文化的生存和发展带来了挑战。"好归好,总归是别人家的孩子",中国电竞仅靠代理和收购无法实现产业的长足发展,中国电竞产业需要做出属于中国的内容;基于电竞产业的数字文化属性,它对于中国传统文化的传承和弘扬也有责任,中国电竞需要发挥推动本土文化走出国门、加强文化输出的作用。

四、电竞与本土发展趋势

(一)保持持续快速发展,产业发展潜力较大

用户规模、市场规模等数据显示,我国电子竞技产业正处于快速发展的阶段。一方面,电子竞技产业主体隶属数字经济版图,在数字经济高速发展的宏观经济背景下,国内电子竞技产业有良好的发展环境和发展前景。另一方面,电子竞技产业被视为文化产业的一部分,作为朝阳产业的文化产业将为电竞

技产业及相关衍生业态赋能。

此外，在政策和社会的支持下，国内电子竞技产业已经搭建起相对完善的上中下游产业链，电子竞技产业生态进一步扩张，围绕电竞游戏、电竞赛事和电竞媒体等核心环节发展起一批龙头企业和优质产业集群，电子竞技产业的未来产业规模、产业拉动性和产业潜力均不可估量。

（二）产业链不断细化，仍处于产业发展初期

中国电子竞技产业链不断细化，形成了相对完善的以游戏研发和游戏运营为主体的上游产业，以赛事运营、电竞俱乐部、电竞内容制作为主体的中游产业，以电竞媒体和电竞直播为主体的下游产业。此外，"电竞+"地产、影视等衍生业态进一步推动了电竞产业链细化。

但同时我国电竞产业发展仍处于初期。首先，在自主研发和创新能力方面，中国电子竞技产业上游的游戏研发和运营尚处于较低水平，电竞相关企业缺乏自主研发能力，在版权和专利的国际竞争中处于劣势；其次，在营收方面，中国电子竞技产业尚处于"输血"阶段，不断扩大的市场规模背后是巨大的产业投入和有待提升的盈利能力，有待实现向"造血"的转变；最后，在人才储备方面，中国电竞人才需求增大和人才补充不足、人才流失严重、电竞教育尚未实现专业化体系化的现状之间存在矛盾。

（三）竞技赛事逐渐丰富，MOBA成为主流

电子竞技赛事的丰富和赛事影响力的扩大是中国电子竞技产业高速发展的表征之一。电竞赛事一般以联赛的方式展开，目前在国内活跃的赛事主要有DOTA 2国际邀请赛、英雄联盟职业联赛、英雄联盟全球总决赛、守望先锋联赛、王者荣耀职业联赛、王者荣耀世界冠军杯、和平精英职业联赛、绝地求生全球总决赛等。

电竞赛事根据比赛项目的不同也有类型区别，现有电子竞技游戏主要类别有FPS类（第一人称射击类）、RTS类（即时战略类）、SPG类（传统体育类）、

FTG 类（格斗类）、MOBA 类、CCG（卡牌类）等，而 MOBA 类游戏由于有公平竞技性高、门槛低易入门、游戏单局节奏快、游戏多样性强等特性，成为当下电竞游戏主流。

（四）培育多元市场主体，完善全产业链布局

在电竞普及化的过程中，电竞整体的交易规模随之扩大，相应所需的资金链也在不断扩张，这让国内大部分中小型电竞开发企业难以接受，逐渐出现了"头部企业固化、中小企业生存困难"的现实状况，电子竞技产业领域的经营主体逐渐固化并形成了较高的壁垒。尽管游戏与电子竞技产业的龙头企业渠道优势、资源优势、数据优势以及人才优势遥遥领先，体现了产业市场的巨大竞争力，但受制于相对单一的企业文化与发展目标，这一局面并不利于产业的长远发展。中国游戏与电子竞技产业的持续发展需要具有大量创新精神中小企业的补充与完善，充分发挥腾讯、网易等企业的领头羊作用，同时尽快扶持更多游戏企业的成长，形成健康竞争的局面，推进产业持续进步、增强行业"内循环"，为中小电子竞技相关企业提供良好的发展与竞争环境，保障电子竞技产业市场的活力。

1. 挖掘创新型竞技游戏研发主体

在产业链上游，培育一批技术领先、原创能力强的竞技游戏研发主体。近年来，我国出现了一批新兴竞技游戏研发经营企业，这些企业主体发挥自身机制体制灵活、勇于创新的优势，开发了一批有代表性的原创竞技游戏产品，获得了良好的收益。如 2011 年依托上海市科技创业中心大学生创业基金会"雏鹰计划"成立于上海的米哈游科技（上海）有限公司，作为一个相对年轻的网络游戏研发企业，米哈游在卡通渲染、人工智能、云端游戏等领域积累了先进的技术能力，相继推出了《崩坏学院 2》《崩坏 3》《未定事件簿》《原神》等高人气网络游戏产品，其中《原神》成功在各大网络平台积累了庞大的用户群，在企业 IP 开发成熟度、消费者数量、全球影响力等方面取得了良好成果，为国产竞技游戏研发与推广提供了良好案例。

这表明，我国电子竞技产业领域具备优质产品开发的强劲实力，也有一大批具备重大潜质的优质企业和研发经营人才。这一方面号召各级政府出台研发企业扶持政策，为相关主体提供优质的发展环境，扶持中小游戏企业的成长，健全多元竞争的电子竞技产业生态。另一方面也鼓励市场上的既有优势企业、行业金融机构等相关单位为优质中小企业提供发展空间，这将是我国电子竞技产业发展的必然要求。

2. 丰富电竞赛事主办与运营主体

在产业链中游，电子竞技赛事的运营管理同样需要优质的多元主体。大型国际电竞赛事作为电竞行业最受瞩目的环节，一直是各国、各地区争相举办的"香饽饽"。但从目前我国电子竞技产业区域发展的情况来看，在全国每年500多项具有影响力的电竞赛事中，上海获得了超过40%的举办权，是当之无愧的最受电竞赛事欢迎的城市。这在凸显了上海作为"电竞之都"的核心影响力之外，也体现出电子竞技产业区域布局差距大、赛事举办与运营主体相对单一的局面。

基于此，相关部门应积极鼓励其他有条件的省市结合区域发展基础与特色优势，举办和承办高质量国际电子竞技赛事，为全国电子竞技产业树立新的区域品牌。国内已有许多城市开始了这方面的尝试，如2019年青岛投入千万元资金引入英雄联盟德玛西亚杯，济南于2021年9月注资百万引入FIFA S8全国总决赛、2022年6月举办《王者荣耀》高校联赛全国总决赛等。大规模国际电子竞技赛事在我国多个城市落地，既有利于提升城市的品牌影响力，也有利于电子竞技产业更广泛地接触中国市场，为电子竞技产业在全国范围内的蓬勃发展奠定基础。

3. 引入多元合作的传播营销主体

产业链下游的电子竞技内容制播环节，则更需要建立多元的、健全的传播营销体系，促进电子竞技产业内容的多元传播，提升产业影响力。在"互联网+"、媒介融合发展背景下的全媒体时代，对于电子竞技及其相关内容的推广传播和运营营销更应该遵循与互联网思维相匹配的传播规律，培育形式多样、覆盖渠道广泛的电子竞技内容传播与运营主体，搭建健全的电子竞技产业开发网络。

站在横向拓展的角度上来看，电子竞技产业的相关主体涉及文化创意产业、体育产业等多个领域，多产业门类的不同主体进行跨界合作，如影视传媒、文旅基建等产业门类均可以与电子竞技产业耦合释放"1+1＞2"的产业价值，共同服务于电子竞技产业的 IP 化、市场化、产业化开发。多元传播营销主体的跨界合作将成为我国电子竞技产业发展的重要方向。

（五）5G 技术创新发展，推动电竞产业升级

2019 年 5G 商用标志着中国正式进入 5G 商用时代，也为中国产业经济，尤其是数字经济产业门类带来了巨大的发展机遇。

对电竞游戏和游戏用户而言，5G 技术意味着更快的网络连接速度和更广的连接范围，新技术的应用不仅降低了电子竞技产业研发和运营的成本、提升了赛事制作的效率，同时也通过呈现更全面、更沉浸式的比赛内容，实现了对多样化观赛用户、游戏玩家的多样化需求。对电竞赛事与媒体转播而言，超高速率、超低延时均是 5G 技术的优势，由此带来电竞赛事观赛体验全面升级，全民电竞、全网链接、虚拟与现实完全融合将成为不远的目标。

此外，5G 技术的发展为我国移动电子竞技游戏和用户的发展创造了机遇，除了为职业玩家创造条件，5G 也为普通电竞玩家享受电竞乐趣提供了可能，基数扩大的电竞用户和消费者将为产业带来衍生效应。无论是游戏厂商对游戏的开发和发行，赛事的门票、版权、赞助，还是电竞外设的生产、售卖，都会受到正向的激励。

第五章 区块链视域下电竞产业运营模式优化

第一节 电竞产业运营模式概况

一、我国电竞产业运营模式现状

近年来,国内电竞产业发展迅猛,不仅吸引了网民、企业和资本市场越来越多的关注,也为直播、PC(Personal Computer,个人电脑)、网吧等诸多领域注入了新的发展活力,电子竞技展现出越来越强大的发展活力和价值想象空间。

在产业规模方面:我国电子竞技产业发展迅猛,已经站在了爆发的风口。艾媒咨询数据显示,近年来中国电竞市场规模整体保持平稳增长态势。电竞产业与传统体育产业不同在于其线上产业占据大头,行业线上规范化发展趋势明显,爆款游戏、电竞赛事均广受欢迎,总体规模仍然呈现逆势上扬。

在商业化方面,国家大力发展文娱产业的背景下,大量企业和资本参与布局。2014年8月,线上零售巨头亚马逊以9.7亿美元的巨资将全球知名游戏直播平台Twitch纳入麾下。受此影响,我国电子竞技产业也掀起了一股投资热潮。与此同时电竞产业正在寻求新的运营渠道和更多盈利模式。电竞赛事运营更加成熟,参赛选手比例逐年增长、观众规模以及赛事奖金也大幅提升,电竞产业的盈利空间不断被拓展,多元化的创收渠道正在形成。例如,在电竞赛事收入方面,不仅有赛事门票、周边产品、赞助和广告收入,而且还有电竞俱乐部选手、直播平台和游戏主播等与赛事相关的其他产业链环节的创收。可观的想象空间更好地推动了电竞产业快速发展。

电竞产业运营方面：电竞产业运营是在电竞产业发展过程中需要具体实施的对电竞产业发展提供运行、评价和改进的管理工作，产业运营对产业的发展十分重要。在我国，电竞产业已经初步实现成熟化运营并形成了一个较为完整的产业链，主要包括上游内容授权、中游衍生内容制作和下游直播平台。产业链的运行结构主要包含游戏运营、赛事运营、游戏媒体三大环节。电竞产业的运营对保证其产业链运行结构的通畅、传递产品核心价值、满足用户需求等方面作用巨大。研究我国电竞产业的运营现状能够对我国电竞产业现阶段发展有一个清晰的认识，明确我国电竞产业发展的优势和不足，从而实现精准化治理。

电竞产业的运营是在产业完整的运行结构链串联之下，依托内容生产、内容制作、内容传播这三驾马车整体带动发展。在电竞赛事职业化、产业布局商业化发展的大趋势下，电竞产业的运营模式主要从赛事运营、内容制作、IP衍生和明星运作这四方面体现，本书从这四个方面来探究我国电竞产业运营模式的发展现状。

（一）赛事运营体系逐渐完善

电竞赛事已成为整个电竞游戏产业的新增长点。通过举办各种赛事，电竞游戏不仅能吸引更多玩家，而且极大地刺激了用户的游戏内容消费，同时还有利于延长游戏的生命周期。以《英雄联盟》为例，在LPL总决赛和S9赛事期间，英雄联盟这一词条的百度指数均大幅上升，电竞赛事对产业发展的推动影响力越来越大。电竞赛事主要包括三种类型：游戏厂商主办的赛事、品牌商主导的商业型比赛以及类似WCA（韩国三星集团赞助主导的商业型电竞游戏比赛）的第三方赛事。游戏厂商主办的赛事主要是职业联赛，参加比赛的多为职业选手，赛事运营相对比较成熟。而商业性比赛主要是为了获取更多的曝光量，参加比赛的选手多为业余玩家。第三方赛事虽然数量相对较少，但也存在类似WCA这种顶级的赛事活动，项目丰富，参与门槛相对较低。另一方面，随着电竞赛事的奖金池及观看人数的持续增长，业内人士认识到了电竞赛事在电竞产业链中扮演的重要角色，也认识到它还是让电竞产业与普通游戏玩家连接的有效工具。与此同时，在泛娱乐文化的影响下，电竞赛事越来越大众化、全球化，各大赛事组织方在举办职业联赛的同时，也举办大众广泛参与的娱乐型赛事，国内也出现了 WCA、NEST、ESL 等全国性甚至全球性赛事，赛事数量的大幅增长为电竞产业链的日趋完善提供了强有力的支撑。

经过几年的积累沉淀，国内移动电竞游戏发展突飞猛进，游戏厂商也开始积极探索移动电竞赛事体系，从而推动了移动电竞赛事的大规模爆发。比较有代表的是英雄互娱和腾讯，两者均在移动电竞赛事方面构建了覆盖多个维度和层级的完整赛事体系。作为三大互联网巨头之一，腾讯在布局移动电竞赛事方面有着先天的资源优势，构建了覆盖多个层级的电竞赛事体系，如腾讯游戏嘉年华、MMEC 移动电竞娱乐赛等综合性赛事和 WCG 精英赛等自有渠道赛事，以及城市赛事、高校赛事等地区性的线下赛事。同时，腾讯在布局初期主要面向自身的游戏产品，后来则逐渐将英雄互娱等其他公司的移动电竞项目纳入赛事体系。以泛娱乐为战略目标、深耕移动游戏和移动电竞的英雄互娱，构建了较为完善的移动电竞赛事晋升体系，成为第三方综合性移动电竞赛事平台。随着国内电竞产业的快速增长，电竞赛事出现明显的头部聚集效应，相关方不断涌入，吸引更多资本参与到电竞赛事中。

（二）电竞内容生态不断扩容

电竞与传统的体育赛事一样具有一定的对抗性，也存在赛点，能带给人强烈的感官刺激，具有极强的观赏性。电竞内容的输出方式主要是一些直播平台，所以又具有强烈互动性，这种互动性又增强了电竞直播的娱乐性。在观赏性及娱乐性的相互作用下，电竞对用户的吸引力越来越强，用户的活跃度提升，电竞游戏的影响力也进一步扩大。在信息时代背景下，电竞内容制作平台突破了电竞赛事内容的边界，不断拓展，衍生新的电竞内容：与电竞明星共同打造资讯播报、电竞综艺节目、电竞游戏直播等泛娱乐电竞内容。随着电竞泛娱乐内容不断展现巨大的价值想象空间以及政策环境的放松，更多以电竞为主题的相关娱乐节目和内容进入大众视野。

在内容变现模式上，当前国内电竞内容制作平台主要通过内容版权授权以及电竞赛事广告赞助盈利；用户付费订阅电竞内容的创收方式虽然也极具想象空间，但短时间内还难以实现，需要长期的优质内容积累与用户培育。具体来看，首先是专门的游戏厂商开发电竞游戏产品，并进行游戏赛事授权；其次是职业选手、电竞俱乐部、网络直播平台和游戏主播等共同参与电竞赛事；再次是赛事内容制作和执行需要由专业的电竞赛事运营平台完成；最后是电竞直播平台以及电视游戏频道等多种媒体渠道将电竞游戏和赛事内容送给电竞用户。以下是几个比较有代表性的企业。

1. 腾讯

产业链全覆盖。作为互联网三巨头之一，腾讯在电竞布局方面有着巨大的技术、资源和渠道优势，已完成了覆盖各环节的完整电竞产业链布局：上游内容创作与提供，包括游戏内容授权、赛事组织运营和电竞内容制作；下游内容传播渠道布局，主要通过集团旗下的直播平台或其他平台合作。随着对电竞领域横向与纵向布局的深化，腾讯游戏能够为用户提供优质的游戏产品和电竞直播体验，成为全球领先的游戏公司。

2. 英雄互娱

互联网体育公司。英雄互娱是一家以泛娱乐为战略目标、深耕移动游戏和移动电竞的互联网体育公司。目前，英雄互娱不仅实现了在移动电竞产品方面的广泛布局，还通过了与第三方成立 VSPN（Versus Programming Network，国内顶级电竞赛事运营商）赛事运营商的方式积极参与 HPL（Hero Pro League，英雄联赛，由英雄互娱发起成立）、TGA（The Game Awards，全球游戏大奖）大奖赛赛事运营和招商活动，争取成为国内移动电竞联盟的管理者。英雄互娱通过广泛合作、资本运作等方式，实现了在移动游戏产品、移动电竞赛事、电竞游戏内容制作和传播渠道等诸多方面的深度布局，极大增强了自身的业务拓展和持续成长能力，成为较具影响力的公司。

3. 虎牙直播

覆盖多元化热门直播内容。2014年11月，欢聚时代旗下的知名游戏直播平台YY直播进行品牌升级，更名为虎牙直播，并在内容布局上引入游戏之外的美食、秀场、演唱会、体育等更多热门内容，以充分满足用户多元化的内容诉求和对新潮娱乐元素的追求。除了泛娱乐化转向，虎牙直播还积极与外部内容厂商、渠道媒体等进行战略合作，不断优化提升平台用户的直播体验。

（三）IP衍生促进跨界结合

整体来看，电竞产业已经演变成一种以优质赛事IP为核心，涵盖游戏发行、赛事运行、电竞直播等诸多环节的泛娱乐型经济产业。在加强对抗性的同时，更加注重团队合作，通过包装职业选手将其打造成电竞明星，从而吸引海量用户。IP衍生开发助推了电竞产业商业模式的良性循环，电竞用户的爱好随着电竞衍生品的不断增多选择的余地也越来越大，电竞衍生品也在不断迎合电竞用户群体的分化，这对于从事电竞的创业者来说，创造出迎合用户的电竞产品无疑是最好的选择。只要产品能引起玩家的反应和兴趣，为了年轻一代的积极消费，品牌的购买力和奉献力远远超过其他年龄段。

电子竞技作为一种新型赛事，其产业特性更利于与线下活动相结合。线下活动是实体产业的一部分，是产业差异化竞争的基础。在电竞IP实体化的过程中，通过推动线下商业化进程，利用长尾效应可有效增强用户黏性，扩大赛事品牌影响力。电竞赛事现场热闹氛围以及其吸引来的巨大观赛粉丝群体一同构筑了电竞线下旅游消费基础。一些旅游城市通过举办电竞赛事，借电竞之名打造新文化胜地，不仅推广了电竞，还刺激了当地旅游业的发展，可谓两全其美。随着电竞主题电视剧的热播，"电竞+影视"的产业结合也渐渐向大众渗透，消费者观众可以通过影视的方法变相加深对电竞产业的认知。目前，一些房地产公司已经建造了电子竞技商业综合体，以进一步开发电子竞技的商业价值，"电子竞技+房地产"模式也可能引爆下一个出路。线上方面，"电竞+5G"将联手打造行业新局面。VR+5G 是未来发展的新趋势，VR 和 5G 技术在电子竞技行业的应用可以为用户带来更新的电子竞技观看体验。同时，5G 技术可以提供形式更加多样的电子竞技内容消费，使远程虚拟现实电子竞技和云游戏成为可能。电子竞技与时下热门产业的结合越来越普遍，据统计，2019 年 7 月，由于某部电视剧的热播，"电竞+影视"成为受舆论关注的热点 IP，热度指数为 21.43，"电竞+5G""电竞+文旅""电竞+地产"等跨行业结合新 IP 热点也较受网友关注。电子竞技通过与其他产业的结合从而创造出新的产业 IP，不仅能够增进产业之间的互利共赢，还能够为电子竞技产业 IP 发展释放新的价值能量，是当下电竞产业发展的新方向。

（四）明星运作多渠道获利

2015 年 12 月 20 日，国内电竞赛事 WCA 正式落幕。瑞典战队战胜中国战队获得 *DOTA 2* 项目的冠军，从而获得了 240 多万美元的最高奖金，电竞明星李晓峰不禁感慨："时代已经变了，电竞职业选手的收入真是今非昔比。"与传统的体育赛事领域不同，电竞选手对粉丝的影响力更强，与粉丝之间具备极强的黏性。当电竞主播被其他平台挖走后，粉丝也会随之转移，直播平台很难真正沉淀忠实用户。对电竞选手而言目前收入最高的群体是明星主播，一线职业选手退役后，通过与直播平台签订直播合同、广告代言、开设淘宝店等年收入可以达到千万元（直播合同占比高达 90%），而大部分的现役职业选手年收入为几十万元不等。

现如今，电竞职业选手资源较为稀缺，导致该现象出现的原因主要有两点：一是电竞职业选手的黄金期主要集中在 18～22 岁，选手参赛时间有限。二是电竞职业选手想要在该领域取得成绩，扩大影响力，必须从低阶赛向高阶赛逐级进发，上升通道比较狭窄，能取得好成绩概率比较低。由于电竞职业选手和各平台主播年龄普遍较小，其受众粉丝群年龄也不大，且多以女性为主。这些粉丝愿意为了主播在直播平台上投入时间与金钱，使直播平台汇聚了巨大的流量，吸引广告商。再加上俱乐部或者平台的运作，电竞选手的商业价值就显现出来了。优酷土豆游戏内容中心的高管表示，优酷土豆平台中每年能获取数十万元甚至上百万元的游戏主播确实不少，在主播收入排行的前10名中有6名是游戏主播。从整体来看，电竞选手从该领域掘金的方式应该是"泛娱乐体育"。作为一项正式体育项目的电竞可以与庞大的文娱产业结合，培养一批优秀的电竞明星，而在粉丝经济时代，电竞明星拥有海量忠实粉丝将使其价值变现具备无限的可能。电商研究机构公布的数据显示，善于营销推广的电竞明星开设的淘宝店年营业收入可达千万级别。

二、我国电竞产业运营模式存在的痛点

近些年来我国电竞产业的发展速度相对较快，与之配套的产业治理手段和方法不断更新完善，国家对电竞产业的治理水平也在不断提高，但相较于欧美日韩等发达国家依然存在较大的差距。由于我国电竞行业起步较晚，对电竞行业的治理依然处在探索时期，相关的行业管理模式只能取经于发达国家，而不同的社会制度之下再加上思维模式的差异和电竞人口体量的差距，借助于发达国家的管理模式显得并不适配。同时在硬件方面，我国也缺少像发达国家那样专业的管理平台和人才，缺乏对适用于本土电竞产业管理技术的研究，导致我国电竞产业的发展依然存在许多问题。剖析和解决这些问题对于电竞产业的发展运作意义重大。

（一）电竞产业生态尚未形成

电竞产业生态系统从参与性角度将产业发展视为生物发展系统，从生态体系的视角对产业内部利益相关者的构成、互动及发展情况进行解读，是以用户

为中心的多重利益相关者的互动，以发挥电子游戏特有的共同生产力，充分考虑产业链的构成与环境嵌入的因素，以更精确地表达电竞产业中行动者之间共同创造价值的网络。中国电子体育产业生态系统尚不完善，体系尚处于起步阶段。主要关注赛事主导生态系统的核心层，包括赛事主办、电子体育赛事的内容授权、赛事及其他机构的直播、相关活动等。①

我国电竞产业过快的发展步伐使得整个产业生态系统的形成完全滞后，尤其是俱乐部的打造和运营这些基础流程亟待完善。相较于国外优秀俱乐部多元化的体系建设、全面化的项目覆盖，我国电竞产业生态系统基础相对薄弱，电竞俱乐部的运营还是显得结构方式单一、发展侧重不明确等。另外，俱乐部管理机制不够灵活、产权结构集中，在赛事开展中存在组织分工不明确、运营模式不清晰，在联盟利益管理方面存在外部权力制衡、分成机制不透明等一系列负面现象。在电竞产业生态系统的规划方面，如何使运营机制、商业模式长远发展，我国也缺乏缜密思考和国际视野。在产业运营的初期，各区都是一味地顺应政策指示，响应政府号召，没有结合当地特色优势实现个性化发展，出现了缺乏鲜明特色、同质化严重的现象。在围绕赛事展开的运营工作中，大多单位主要围绕电竞赛事运作，忽视了生态系统中其他相关类产业的发展，致使电竞产业生态系统的顶层设计不够完善，相关产业的发展不充分很难形成规模化效应。另外，商业模式不清晰，各个利益相关者都彼此独立运营，相互之间缺少合作互动，产业的整合性和协调性缺乏长远考虑。就如英雄联盟电竞赛事直播、转播内容的呈现，现在全部借助互联网新媒体平台渠道去传播，传统媒体无法介入，造成电竞赛事传播渠道过于单一，忽视了一些潜在受众群体，使得传播效果大打折扣，而且电竞产业与我们日常接触较多的金融、教育、体育等产业的联合也不理想。更为严重的是在赛事运营过程中出现的假赛黑幕现象、电竞竞猜和赛事的暗箱操作、公益项目的资金被挪用、赛

---

① 季丹.上海电子竞技产业生态系统发展的问题与对策[J].科学发展，2021（5）：91-97.

事门票恶意炒作等诸多信用缺失的不良现象，使电竞赛事举办丧失群众公信力，进而导致电竞消费者对赛事观赏性心存疑虑，严重阻碍着电竞产业的良性发展。

（二）电竞产业内容信任缺失

中国电竞近几年呈高速发展态势，但行业机制框架并不完善，难以摆脱散兵游勇不成体系的局面。更让人担忧的是，随着各类资本的不断涌入，相关行业为抢占资源市场，一直寻求低质化、效率化发展模式，所以在电竞产品研发上出现了大量的山寨侵权行为，在电竞内容制作方面跟风严重，缺少创作动力。在赛事运营方面同样充斥着大量的"假赛行为"，诸如电竞博彩这种"擦边球"的业务也正在抬头，为这个原本就充满争议的行业蒙上一层灰尘。如今电子竞技产业的"野蛮增长"导致了行业模式和行业标准的许多缺陷。尤其是很多赛事没有第三方监管和统一的行业标准，导致了很多纠纷，损害了电子竞技产业的持续发展和声誉。

电竞产品、内容方面：在网络游戏行业里，山寨版网络游戏侵犯著作权已成为十分突出的现象。盗版自端游时代开始便多，手游火爆之后更甚。据统计，电竞APP的盗版重复样本能够达到1∶26.3，而游戏类APP的盗版重复率更甚，比例最高的能够达到1∶47。在游戏产品方面，像动作冒险类、体育竞赛类游戏，同一类游戏能够盗版出现7～8个相同类型。有些时候甚至我们玩家消费者都分不清谁是盗版，谁是正版了。山寨游戏的大量生产正一步步侵蚀着中国游戏市场，盗版取代正版这一怪象似乎在民间已经习以为常。山寨盗版网络游戏的猖獗归根到底是由于游戏开发者没有行业底线肆意侵占别人劳动成果，加上行业产品的特殊性使其往往能钻法律漏洞百般狡辩，使得产品难以定性，这些行为恰恰反映了电竞行业市场监管的缺失。

赛事运营方面：2019年LPL爆出了年度最大新闻，选手及经理、主持人等参与假赛事件，最严重的被处罚永久禁赛，不得接触《英雄联盟》游戏相关行业。涉事的 LGD 电子竞赛俱乐部随即将所有涉事人员进行解约。这件事只是众多赛事黑幕的一个缩影，我国职业电竞赛事的假赛行为已屡见不鲜。假赛行为为何屡禁不止？究其原因与背后庞大的利益链脱不了干系。假赛行为往往是与电子竞技博彩绑定的，我国早已明文规定，除了体育彩票中的球赛竞猜型彩票外，其他类型的博彩均为非法，但我国电竞产业领域内还是存在很多电竞博彩"擦边球"现象。由于电子竞技博彩活动几乎只在网上进行，其隐蔽性相当高，而当前并没有很好的监管措施来对电竞产业的博彩行为加以认定，市场的逐利性对监管提出了更高要求，电子竞技领域内的诚信风险将会对监管部门提出新的挑战。

（三）电竞 IP 价值开发不足

当前，我国电竞企业对电竞产品的研发投入依旧不够，企业多以代理为主。当下游戏市场的爆款游戏产品大都是国外公司研究开发。像美国的暴雪公司、艺电公司、拳头公司等开发的游戏产品能够占据电竞市场 80% 以上的份额，其带来的游戏产品 IP 市场价值巨大。由于缺乏全面统筹的产业发展视角，我国电子竞技产业多以模仿为主，在自主研发能力、产业的宣传扩散力等方面还亟待加强。

在电竞内容制作方面，由于游戏设计师与电竞产品经理并没有足够重视游戏故事情节的设定，使得电竞产品缺少情绪渲染的故事营销，电竞 IP 又过于局限在游戏本身，缺乏产品吸引力。同时，在游戏传播方面，电竞内容主要集中于游戏直播平台，传播渠道过于单一，受众面小，难以吸粉。在电竞传播影响层面，IP 形象可以在用户心目中形成独特的形象标识，方便电竞内容的进一步传播。在 IP 形象设计方面要借鉴动漫对漫画主人公 IP 形象推广的经验，既要有恢宏庞大的故事情节渲染，又要有独立丰满的明星 IP 体现，实现影响力的叠加。而目前我国电子竞技产业内容的推广多是停留在游戏本身宣传，没有深入细化到游戏内容，塑造不出性格丰满的游戏主人公 IP 形象。同时，在对

IP形象的内容打造方面，也没有统一的价值衡量尺度，出现了诋毁、歪曲历史的现象。有些电竞IP偏离社会主流价值观，缺乏正面的形象IP，导致社会舆论污化电竞IP，影响电竞经济价值。[1] 在电竞平台创建层面，电竞平台是电竞IP与粉丝连接的载体，游戏能联网对战、线上沟通交易，都需要电竞平台的管理支撑，电竞平台的搭建是游戏IP能够生效的前提。由于电子竞技平台建立的前期既需要有创新研发上的技术优势加持，也需要有大量金融资本的有效注入，还需要通过各个监管部门的授权许可，平台的建设成本十分高昂。而新进入的企业不管在资金还是渠道上相较于行业巨头都较为薄弱，加之政策方面的诸多限制，无疑提高了新企业进入电竞市场的门槛，使得现有电竞市场被几家商业巨头所垄断，诸如盛大、巨人、腾讯、网易等。这使得很多小的游戏生产商由于行业压力无法对游戏进行持续开发制作，游戏内容的开发权都止步于几大头部企业，造成头部IP企业缺少忧患意识，尾部IP企业缺少发展欲望的"两头倒"场面。

电竞产业IP同样存在知识产权保护不够，产品侵权现象频发的老问题。电竞知识产权的保护直接影响产业创新发展的深度。电竞企业产品注册假冒商标，混淆知名品牌标志和虚假标识，引发消费者误购；网络直播侵权，游戏发展同质化，盗用游戏IP等一些不公平竞争行为无法保障创作者和开发商的利益，消费者难以辨别真伪，工业经济附加值无法提高，这导致了电竞体育产业创新发展的混乱，减缓了电竞体育产业的发展速度。[2]

（四）电竞合约纠纷争议不断

职业化的电竞行业中，信用问题也越来越突出。由于电竞行业的特殊性使得与传统体育行业的职业环境相比存在很大的差距，电竞职业化起步较晚，相

---

[1] 宋湘绮，胡沛晨.我国电子竞技产业发展的困境和出路[J].北方传媒研究，2021（1）：79-83.
[2] 张明斗，吴庆帮，毕红星.基于"区块链+"的体育产业创新发展复合架构与高质量政策优化[J].沈阳体育学院学报，2020（6）：108-114.

关法律法规暂未颁布，职业漏洞很多，某些职业俱乐部受到利益驱使，游走于法律边缘，公然做出违背行业道德的失信之举并不少见。再加上电竞职业选手普遍年轻化，未成年人居多，缺少劳务合同的防范意识，往往会被不良俱乐部所坑害，签下不平等的劳务合同，使得近些年来电竞行业市场大小合同纠纷接连不断。

除了电竞俱乐部内部之间的纠纷外，电竞俱乐部与赛事赞助商之间、俱乐部之间、电竞公司与公司之间也会因为一些权责不明的情况，造成侵权行为，而引发商业纠纷。

经过研究归纳发现，电竞行业发生纠纷问题的根本原因有以下两方面：一是电竞公司或者俱乐部的主要目的在于盈利，为了最大化保障企业自身利益，会在合同的制定方面规避损失，把风险转嫁给合同的乙方，造成合同双方权责划分不明晰，合约争议现象不断发生。二是在当前的行业惯例中，电竞经纪人在双方合约的游说和签订过程中越来越普遍。从合同的运营到执行过程中会涉及不同的角色，会增加合同纠纷的意外风险。现阶段我国电竞职业经纪人行业还处于起步阶段，针对电竞职业经纪人的管理体制及法规不完善，目前大部分的职业选手经纪人都是由直系亲属担任，并且电竞公司或俱乐部对经纪人是无权管理和干涉的，职业选手和经纪人之间的佣金分配也都是私下商量，没有准确参考标准，由此出现了很多专业能力欠缺的电竞经纪人干着偷税漏税、幕后交易、坑害当事人等违法、违规行为，这些也是很多合同纠纷产生的缘由。①

---

① 黄道名，刘钒，杨群茹，等.基于区块链智能合约的职业运动员合同管理模式［J］.上海体育学院学报，2021（9）：50-59.

第二节　区块链下电竞产业运营模式优化的可行性与需求性

一、区块链下我国电竞产业运营模式优化研究的可行性分析

（一）"区块链+体育产业"的治理应用初见成效

近年来，区块链下的体育研究迅速兴起，"体育+区块链"无论是国内还是国外都被看成体育产业价值链创新的热点。像微软公司联合 AMIS 开发推出的全球第一个体育区块链 BravelLog，南非开普敦市足球俱乐部与区块链创业公司宣布建立了第一个 5G 球迷参与式平台，一些境外企业已经将区块链技术与产品结合投入市场。在国内，区块链技术在体育领域中的应用也引起社会各界的高度重视。北京拿云智成科技有限责任公司开发的 POWER FANS 项目以体育为切入口，在石墨烯技术框架开发的基础上，打造以区块链技术为基础的体育生态体系线上平台。通过开发线上体育行业基础服务 APP，以区块链代币作为 APP 线上流通货币，通过代币强流通性，提升体育产业价值；动吧体育创始人白强，基于在体育行业深耕多年的经验和顶级海内外体育资源，牵头世界级区块链技术团队、体育精英和金融才俊，在新加坡成立了体育价值基金会，从发行和管理 VSC（体育币）、引入生态合作伙伴上链开始，打造 VSport 体育价值链，链接和激发生态伙伴内在价值，开创垂直领域、资源整合型的产业区块链先河，形成区块链时代的体育产业标准。此外，目前，大量区块链技术平台选择与专业体育俱乐部、知名体育赛事、体育、媒体和体育城市等进行商业合作，重点推进区块链技术的实施，全面更新各类实体和体育项目的运营和监管流程。

相较于传统体育项目，电子竞技产业的运营规划与其具有诸多相似之处。电子竞技的体制建设管理，市场运营模式，职业赛事经营等都是大量借鉴传统

体育的发展模式，电子竞技行业遵循以传统体育的发展路径为导向，不断完善打造出自己一个相对成熟的行业现状。同样，电竞行业运营发展中所暴露的问题也与传统体育行业颇有相似，比如传统体育行业中体育产品侵权诈骗行为、职业环境中的违规合约、阴阳合同现象以及欺骗大众体育消费者的赛事黑幕行为，这些问题在电竞行业的发展中同样得到相应体现。电竞产业与体育产业存在互通性，电竞产业的运营模式参照体育产业依托区块链治理技术，能够促进"区块链＋体育产业"应用场景的不断丰富和持续发展。解决传统体育产业问题的方法对于解决电竞产业相似问题有重大的参考意义。

（二）互联网平台加速"区块链＋电竞产业"的结合

电子竞技行业与传统体育行业的区别在于其载体是建立在互联网技术上的，而区块链的技术产生也是基于互联网技术发展的需要，只有建立在互联网层面上的"区块链＋"模式才更利于打破垄断，实现独立自主、合作共赢。区块链在互联网上的实用性以及能提高多中心协同治理的可操作性为其能够服务于电竞行业的发展提供了理论基础，二者通过互联网这个共有的纽带能够更轻易地建立联系，且相较于其他行业更具优势。

中国电子竞技行业迎来了发展的机遇期，电子竞技融合了互联网等产业，为传统互联网产业提供了新的模式和形式，有助于科技融合后传统产业的转型和发展，将更多的集成创新应用于实用产业，促进产业的生态发展。[①] 由此可见，电竞产业的发展与时下火热的互联网行业已经密不可分了。这点也不难理解，随着互联网时代的到来，不同行业与互联网的联系不断扩大，行业的发展和管理已与互联网密不可分。互联网提供的不仅是技术上的支持，管理方式上的便利，也为行业后面的发展提供了新的模式和业态。电子竞技是信息技术发展必会涉及的产业，体现了由数据时代向技术时代的发展过程，电子竞技超强的延展性方面与当代前沿科技进行融合，其相关属性也能有效带动产业内容制

① 王莉莉．电子竞技：互联网产业新风口[J]．中国对外贸易，2019（8）：30-31．

作、授权、分发、赛事运营、传播、监管、教育及培训、设备和软件的研发、虚拟现实技术应用、人工智能技术应用、地产升级、智慧社区、智慧城市等相关行业的全面发展。①随着5G时代的到来，相关部门会加快促进电子竞技新模式、新业态、新业务的形成和相关产业基础技术的发展。区块链技术作为新时代下的产物工具，其与电竞产业的结合势在必行。

二、区块链下我国电竞产业运营模式优化研究的需求性分析

（一）确立电竞产业运营与区块链技术的需求关系

现有的研究理论对区块链技术的特性已经有了很全面的分析。简单地说，区块链本质上是一种分布式记账技术，它是现代密码学逐渐演进而来的产物。区块链的技术特性已应用于多种行业的风险管控和规制，区块链技术的相关特性能够满足目前企业组织和市场等对传统治理机制的改进需求。

就电竞产业现阶段的运营模式存在的痛点来看，区块链本身所具有的特性十分利于解决产业运营过程中存在的痛点问题。比如，区块链技术的去中心化特性能够去除电竞产业交易过程中过度中心化的人为操作影响，给电竞产业提供一个安全透明的交易环境，同时还能节省交易管理费用，降低运营成本；区块链的不可篡改性可以对电竞产业链上的数字信息进行存证并且不能被更改，保证链上信息的可靠性，提高电竞产业管理水平；区块链可追溯性，能够确保电竞产业运营过程中信息来源的真实性，同时保证数据的不可伪造，从根本上改变信息传播路径的安全问题等。本书为更深一步找寻电竞产业痛点问题与区块链技术特性的需求关系，通过构建区块链与电竞产业融合的PCMR理论模型，按照"具体问题→对应特征→解决方式→最终结果"的逻辑思路，通过模型的搭建分析区块链技术对解决电竞产业运营痛点问题的适用性，有利于对电

---

① 陈晓华.5G+区块链：为数字化经济添加"快速+安全"双动力［J］.天津商务职业学院学报，2020（2）：3-16。

竞产业的运营问题提出针对性解决方案。

通过对区块链与电竞产业的 PCMR 理论模型分析，我们对电竞产业运营模式具体痛点问题的"发病原理"进行定性。具体痛点问题有：一是赛事运营过程中的管理权力过于集中导致的个别人操纵比赛结果出现的假赛黑幕问题和资源信息不透明导致赛事资源浪费的现象。二是电竞产品内容在交易流通过程中存在着侵权和监管取证难的问题。三是电竞 IP 版权滥用，难以对 IP 版权溯源，保护其商业价值等问题。四是职业电竞运作过程中经常发生的合约纠纷，难以划分责任，执行合约效益的问题。电竞运营模式上的具体痛点问题都可以在区块链的特性上找到对应的解决方法，如共识机制能有效应对赛事运营问题；数据存证能有效解决交易监管问题；可追溯性能明晰版权 IP 侵权问题；智能合约能杜绝电竞合约存在的纠纷执行问题。目前，区块链的公有链、私有链和联盟链是三种比较主流的解决模式。公有链不受第三方控制，是去中性化最高的一条链，公有链所有节点共享，完全开放，任何个人或机构都能匿名加入，链上的数据全局可见，通常作为基础性服务。私有链的特性与公有链完全相反，具有一定程度的访问限制，相比于公有链，私有链由于其参与的群体范围更小，执行人员更少。所以，在执行过程中达成共识的时间更短、效率更高、成本更低，更适合小群体企业在内部运营中使用。联盟链的特性则是介于私有链和公有链之间，综合了两者之间的优缺点。能够实现部分去中心化，适用于不同实体间的交易、结算等 B2B 交易等。在解决方法的挑选上可以根据实施目标的不同需求进行灵活组合，从而对大量资源进行数据化处理，实现资源供给者与需求者的无缝衔接。本书通过 PCMR 理论模型分析最终的解决结果是区块链的共识机制有利于电竞赛事运营问题的解决，优化赛事运营方式。数据存证电竞内容的交易监管有一定的帮助作用；区块链的可追溯性能够对电竞 IP 追根溯源，维护其产权利益；智能合约技术同样能够规范电竞合约流程，帮助解决合约纠纷问题。

（二）区块链技术解决电竞产业运营痛点的需求分析

1. 共识机制有利于重构赛事运营方式

利用区块链技术共享大数据，可以消除传统的局部限制，提高数据平台的工作效率和安全系数。非对称区块链加密技术的应用促进了对共享数据主体的权利和隐私的保护；区块链防篡改的应用促进了电子体育数据共享共识机制的形成；[①] 区块链技术参与的赛事运营能够摆脱传统赛事运营过程中存在的资源信息不透明、赛事呈现与观众脱节的技术问题。实现电竞大数据共享，电竞赛事、全民参与、职业俱乐部、电竞媒体、电竞合作投资信息等实时共享，促进电竞赛事的项目管理、电竞市场的动态数据管理、球员的胜负赛绩管理，电竞媒体的信息传播等有效监管。这一机制的可行性已经在传统体育行业得到了验证。例如，2017年，由Microsoft azure和Amis联合创建的全球首个体育活动大数据共享平台bravellog创建了一份球员电子简历，应用区块链技术记录球员信息，游戏性能和一些高级玩家数据等。荷兰数据安全公司Guardtime将区块链技术应用于智能健康发展，区块链的共识共享机制也能够在电竞领域得到体现。

在电竞产业赛事资源配置的利用方面，由于电竞各主体部门之间信息交换较少，彼此的信息储存相对独立，无法及时有效地响应民众需求，导致电竞相关配套服务信息供求分散，公共产品信息不对称、闲置率高等问题。区块链技术能够在任何范围内的不同地区节点上建立起有效的共识机制，他不必要求参与方在非信任环境下必须信用背书，而是基于自身算法实现底层数据库之间的连接沟通，通过共识机制让参与者自愿达成共识，创造出相互信任的信息环境。[②] 比如职业比赛专用的电竞场馆，通过区块链技术的介入，只需将电竞场

[①] 牟郸琳，沈克印. 区块链技术在体育产业中应用的场景、困境与对策[J]. 体育文化导刊，2020（7）：79-85.

[②] 陈佳琦，韩松. 区块链+全民健身公共服务：应用优势与创新探索[J]. 西安体育学院学报，2021（1）：79-86.

馆的约束条件，如开放时间、赛事类型、赛事容量、赛事注意项等由赛事的运营商或者组织者提前上传备案，使相关信息通过区块链及时记录上链，系统各节点上传数据打包备份、经过对比确认后再同步发布更新，提升电竞公共服务产品信息准确性。区块链技术将电竞产品信息资源整合不仅满足了服务大众的需要，而且可以利用平台大数据对场馆供需要求进行合理的调度，避免与其他行业公用场馆的冲突，提升场馆利用率的同时解决基于 TCP/IP 协议的传统互联网容易出现的数据孤岛问题。综上所述，借助区块链技术的共识机制有助于提高电竞产业赛事运营的发展水平。

2. 数据存证有利于提升交易监管效力

在保护电子竞技产业的知识产权方面，时间戳、可追溯性等区块链技术可以清晰地标记电子竞技产业的产权信息，可以实时跟踪和标记新的来源和路线，确保专有权利信息的安全性和保密性。同时，如果发生侵权，可以在调查和跟踪过程中向监管部门提供原始数据存储证书，以保护电子竞技产业的知识产权不受侵犯。区块链技术能够对电竞交易链上的信息进行实时跟踪记录，包括不限于交易主体是赛事举办的经营者、游戏产品的开发者还是购买伪劣盗版游戏商品的消费者以及受外挂侵扰的游戏网民等，也不限于交易产品是虚拟游戏币、装备还是现实的游戏设备，电竞门票等。凡涉及的正当利益都能在区块链平台上得到应有保护。因此，借助区块链技术对电竞产业知识产权保护，能够净化电竞产业交易环境，促进电竞产业有序发展。

在制度完善方面，区块链技术同样起到积极作用。区块链可以为电子竞技行业的管理运营和监督反馈过程提供完整可靠的数据信息，这与以往的过度中心化管理有很大的区别，以往的数据管理者拥有较大的数据处理权限，例如添加、删除、移动和减少数据管理，从而导致大家对数据真实性存疑。区块链技术的去中心化管理模式让数据的管理主体是所有参与其中的大众，有效保证数据真实性的同时也反映了基层民众对电竞产业服务的本质需求，让政策决策者能够更加清楚了解电竞产业的基本情况，从而制定针对性政策。区块链技术数据存证的去中心化特性能够保证信息的完整性和可靠性，数据一旦记录上链后，查看或调取时不会被访问者修改或篡改，也不需要数据管理员去核实维护。评价反馈信息能够及时无误地传递给相关制度制定者。比如，政府制定的一项新制度，在实施的过程中政府需要知道制度实施结果的评价信息，此时评价信息的安全和真实性就至关重要，区块链技术可以充分记录和保存机构服务的评估或反馈数据，极大提高这些数据的实际可用性和社会价值，为政府新一轮政策的制定提供有力数据支撑。区块技术系统分散管理模式不需要政府或其他组织提供信用背书，使政府或公共服务部门的监管更加简单和完善，公民有机会从被动服务接受者转变为主动参与者，能够积极促进工业管理。

3. 可追溯性有利于释放资源 IP 价值

电竞产业创新发展的一个主要体现就是产业 IP 资源是否丰富，IP 资源价值是否能够持续有效发展。可以说电竞产业 IP 在一定程度上能够为电竞产业发展指明方向。现阶段我国电竞产业 IP 资源缺乏完善的定价机制和专业的预估手段，同时还存在产业交易信息隐蔽、交易信任缺乏等商业化环境问题，这些问题阻碍了电竞产业商业化的发展，导致了电竞产业 IP 资源潜力无法被释放。[①] 与此同时，占据大部分资源的头部 IP 基本被相关中介机构和头部经纪人垄断，电竞 IP 的价值分配并不平衡。表面上，电竞产业消费者与 IP 资产看似有些关联，实际上则处于严重的分割状态，电竞消费者其实是无法从电竞 IP 价值上享受所带来的收益的。传统的咨询资讯平台由于技术所限，并不能为消费者带来个性化的电竞体验，电竞 IP 的价值就无法体现出来。区块链特有的分布式账本技术，能够将电竞 IP 资产通过计算机编程实现数字化，通过平台内预设的电竞 IP 优化标准将交易上链的数据进行资产鉴定评估，再通过平台

---

① 赵公民，万强强，武勇杰，等. 基于区块链的供应链信任管理机制研究［J］. 征信，2019（11）：25-31.

的发布，提升交易信息的透明度，实施传统价值流通体系和股权分配机制的改革，构建以区块链技术为主导的多元化价值生态系统。

4. 智能合约有利于保障电竞合同效益

智能合约是一种特殊的协议，它满足一定的条件，被自动验证和执行。智能合约是区块链"去中心化"的主要原因，在没有第三方的情况下实现安全、不可逆和可追踪的交易。区块链技术的去中心化机制，共识机制能够促进电竞合约的智能化升级，智能合约是解决电竞合同经济纠纷的有力工具。

智能合约的原则是基于区块链的合约代表以代码和数据的形式自动生成、存储和处理真实交易。代码分布在分布式块中，可以严格按照交易前规则工作。交易主要包括要发送的数据，智能合约的起源和退出是一组交易和事件。参与者之间的数字互动通过定期检测交易状态触发。智能合约的程序执行摒弃以往的手动验证，通过合约执行中执行节点的共识程度自动触发交易的内容，不仅简化了双方交易流程，提高交易效率，而且降低了交易成本，提高了交易安全性。[1] 区块链数字签名和时间戳技术可以使每个智能合约交易在区块上永久化，可以跟踪但不被篡改。缔约各方可以对合同内容、履约报告、履约进度等进行核查，并且执行过程是可验证的。如果有欺诈很容易被检测到，因为块系统的完整性是由每个节点控制和维护的，那么每个节点每天都会检查交易；又因区块链模型是一条联盟链，每个节点不是一个利益共同体，而是可以实现相互监督。区块链内资金的使用也受到很大的控制，几乎不可能成为欺诈的目标。从本质上讲，区块链下的智能契约是一种实现"代码-法律"效应的技术程序，是一种发布离散数字交易的公共账本，提高了法律链下实践中的执法效率。使用智能合约也可以简化运动员的合约订立过程，从而为大笔金钱交易提

---

[1] 施泉生，黄晓辉，胡伟，等.基于区块链的改进智能合约电力交易模型[J].电力工程技术，2022（1）：11–18.

供一个安全的途径。

第三节　区块链下电竞产业运营模式优化体系的建立

一、"区块链+电竞"的产业运营模式基本结构分析

电竞产业的运营核心工作是使电竞产业的相关资源得到合理分配，使电竞产业各部分之间相互依存良性运转。电竞产业运营过程中各种产业链的结构性布局统一组成了一个产业生态系统。电竞产业运营的生态系统以内容制作为产业生产者，赛事运营为产业中介服务者，以明星运作和电竞IP的输出为主，提供消费者完整的电竞消费体验。在电竞产业运营的生态系统中，各个环节，各个部门是相互制约，相互依存的关系，形成了一个有效循环的产业环境，由此保证了电竞产业运营的长效发展。区块链技术植入电竞产业生态系统中，不仅可以高效地利用外界条件，提高闲置资源的利用效率，还可以促进产业运营内部分工完善、消除电竞运营过程中发生的争议，弱化管理矛盾，保障产业运营链的健康发展。

"区块链+电竞产业"运营模式的基本结构分为内、中、外三层，内部为技术层，应用区块链的共识机制、数据存证、可追溯性、智能合约等技术特性为中外部的管理主体、运营内容所服务。中部分为主体层，主要涉及电竞产业运营过程中的各个主体，比如赛事运营主体、监管主体、内容生产主体、消费主体等，中部的主体层是电竞运营模式的服务对象，也是电竞运营的实施者、受众者和维护者，各主体之间存在很强的关联性。外层为内容层，包括电竞运营模式的四大内容赛事运营、内容制作、IP衍生、明星运作，为电竞产业运营的受体，中层的主体通过内层的区块链技术作用于外层的运营内容上，完成对电竞产业运营模式的优化处理。

二、"区块链+电竞"产业运营优化平台的架构

基于电竞产业运营模式的优化需求,结合"区块链+电竞"产业运营模式的基本结构,本书通过应用区块链技术架构了包括数据层、服务层、应用层等在内的"区块链+电竞"运营模式优化平台。

(一)数据层

数据层包括以区块链为基础的数据存储及处理技术和与电竞产业相关的权威数据库。数据层作为区块链最底层的技术,主要实现以下两个功能:第一,数据的存储。与电竞产业运营相关的专业性数据主要基于Merkle树,通过区块的方式和链式结构实现在优化平台内的存储,确保平台对数据应用的可靠性。第二,账户和交易的实现与安全。基于区块链技术的数字签名、哈希函数和非对称加密技术等多种密码学算法和技术,保证了电竞运营交易过程在去中心化的情况下能够安全地进行。

(二)服务层

服务层由区块链服务、交易平台服务、监管查证服务、维权服务以及对电竞合约相关问题的服务等组成。其中,区块链服务通过共识机制、可追溯性、数字化凭证及区块链智能合约等技术为电竞产业运营优化平台提供数据存证、数据溯源、合约清算等服务。交易平台服务通过线上已有交易系统实现电竞产业交易业务的具体应用。监管查证业务通过区块链服务为电竞产业监管部门提供交易过程中储存的数据存证。维权服务能够为电竞侵权行为的受害人提供公共维权渠道。合约问题服务通过区块链的智能合约技术能够对电竞产业发生的合约纠纷进行判定,通过区块链节点的确认自动结算合约内容。

(三)应用层

应用层包括对外应用服务平台与内控运营管理平台,对外应用服务平台的业务主要是参与平台应用成员的身份认证、处理平台业务中生成的区块

数据以及电竞相关业务信息查询等功能；内控运营管理主要是针对电竞运营过程中所涉及的权限管理、凭证交易、信用评价、合约清算等具体业务时，需要平台系统通过区块链技术自动进行运营执行时所触发的功能。应用层是整个优化平台的服务对接窗口，也是整个电竞运营流程优化的操作中心。

三、基于区块链技术的电竞产业运营优化平台运作流程分析

通过以上研究分析可知基于区块链技术的电竞产业运营优化平台重点针对性解决电竞产业运营模式所总结的四个问题：赛事运营方面、交易与监管方面、IP 资源维权方面、电竞合约纠纷方面。而赛事运营和 IP 资源维权能够通过区块链相关特性进行直接有效的作用，其操作流程相对简单易懂，故将其流程归为一类合并研究。通过对电竞产业基于区块链的电竞产业优化平台分析，能够了解认识到其平台架构的重难点在于电竞产业交易服务体系中的交易监管具体操作流程和电竞智能合约的实施流程，本书遂对这两部分的具体流程展开重点分析。

（一）基于区块链的电竞产业赛事运营和 IP 维权流程分析

在电竞产业的赛事运营方面，传统的赛事运营方式已无法满足现阶段电竞赛事运营发展的需求，区块链技术的植入能够为电竞赛事运营带来新的发展机遇。在电竞产业的运营方式方面，区块链技术创新商业模式、改善运营机制。电竞赛事通过区块链技术建立共识共享时事决策机制，充分挖掘电竞赛事商业价值。在电竞赛事运营板块中，每个主体在链上都有独立的个人 IP 节点，区块链技术可以推动体育企业在组织与团队间共识共享解决方案和成果，提高体育赛事 IP 发展的效率与创新。电竞赛事与赛事管理者之间通过区块链也建立起明确的约束机制，赛事的管理者通过区块链技术平台反馈的数据能够及时对赛事的内容和发展做好调节和更正，确保电竞赛事的良性发展。电竞赛事的组

织者也能够通过区块链技术建立起高效精准的发展机制，区块链技术参与的赛事运营能够摆脱传统赛事运营过程中存在的资源信息不透明、赛事呈现与观众脱节的技术问题。实现电竞大数据共享，可以使电竞赛事、全民参与、职业俱乐部、电竞媒体、电竞合作投资信息实时共享，促进电竞赛事的项目管理、电竞市场的动态数据管理、队员的胜负赛绩管理、电竞媒体的信息传播等被有效监管。

在电竞 IP 资源维护方面，第一步就是确权，基于区块链技术的电竞赛事 IP 在上链之初就会元数据登记上链，上链完成后会自动储存确权，在以后链上进行的所有交易都会自动认证其权益的唯一性，区块链通过去中心化机制搁置中介，其他节点不能也无法盗用其版权权益。版权授权之后，通过用权去进行交易而产生经济效益，区块链技术是去中心化人人参与的分布式账本，每个节点在上链时，身份、权益及资产等信息在整个系统会元数据上链，在后续一系列的交易中都不需要依靠他证来进行身份和权益证明，通证会贯穿整个系统里。区块链技术可以即时记录所有信息，通过通证可直接登记注册版权，成功之后可直接用权进行交易，无须再次认证或验证其权益。电竞赛事 IP 版权侵权频发主要原因是维权难，对于很多侵权行为无法进行举证，区块链技术能解决举证难的问题，有助于电竞赛事 IP 版权拥有方进行举证维权，主要是两个方面：一方面，在区块链平台里的每笔交易都有时间戳技术进行交易时间盖戳，然后进行加密储存，其加密哈希值是唯一性，不可篡改，在交易进行中或结束后都可以进行随时追溯查证，如有侵权行为存在，铁证如山屹立于区块链系统中。另一方面，将符合法律规定的合同条款内容程序代码化，通过智能合约进行无人为干预的自动交易。

（二）基于区块链电竞产业交易监管体系流程的设计分析

电竞产业的交易和监管是优化电竞产业运作模式的重要内容。以区块链技术为主导，对电竞产业交易监管模式的进一步优化将有助于电竞产业运作模式的良性发展。基于区块链电竞产业交易监管模式的设计首要工作就是要确立管理链上的相关主体。交易模式的主体主要是指运营商和消费者。运营商包括电竞产品的供应商、电竞俱乐部、电竞游戏开发商和代理商等，消费者主要是大众玩家、粉丝和赛事观众等。监管模式的主体主要是政府、体育协会、职业电竞协会和一些地方电竞工会等。电竞产业的治理作为一种探索性的行为，面临着高度的复杂性和不确定性。应由政府部门牵头成立跨部门治理的协作机制，基于区块链的共识机制、智能合约等特征，打造透明可信任、高效低成本的应用场景，并与政府部门、地方协会、社会企业等电子竞技产业治理的"外部参与者"达成治理共识，保证治理信息的有效串联，构建实时互联、数据共享的智能化协作渠道。

  基于区块链的电竞产业交易监管模式流程框架可分为三部分，分别为交易层、区块链层和监管层。以公平公开性为基准专门建立的弱中心管理机构作为区块链电竞产业交易监管中的一个特殊节点，进行账号管理、交易资格准入审核、交易监管、交易信息记录、交易评价及追溯、反馈等，但其不能修改相关交易信息（所有节点达成共识才能修改）。交易开始前，运营商和消费者必须将交易所需的真实信息在弱中心管理机构备份存证。在交易层中，由运营商提供商品（商品可以是电子游戏通行证、游戏虚拟装备、赛事活动门票，也可以是游戏知识产权、职业赛事举办权和参赛权等一系列可以交易的价值资源），这些商品通过审核后直接投放在各大网络交易平台，消费者通过交易平台与运营商达成买卖协议。在整个交易过程进行中，区块链层主要发挥三方面的作用：第一，记录存证。运营商的产品信息通过数字编程进行打包上链，生成的区块头存储于区块链层上，由于其不可篡改的机制，避免了商品信息仿制和抄袭，保证了备份商品的真实性，维护了商品的权益，同时为弱中心管理机构在对相关电竞产品进行审核时提供了依据。同样，消费者和运营商在交易平台中进行的交易过程都会在区块链层——存证。第二，公开透明。基于区块链的去中心化机制，在交易过程买卖双方每一步行为都得到了存证并且可以随时查询交易记录，同时交易的完成需要在区块链层获得参与交易行为主体的认可，才能发放交易通行绿证，获得交易资质，生成交易合约。也就是说交易能够完成的拍板人是区块链上参与交易的所有主体，而非个人操控，并且整个过程能够追根溯源，保证了交易的合法公平性。第三，反馈信息。当区块链层对产品信息比对出假冒伪劣，抄袭侵权现象时，与其相通的弱中心管理机构会对运营产品信息做出审核不通过的判定，与此同时信息还会被记录存证并反馈给相关监管部门，在交易完成后，生成的交易合约同样会反馈给交易参与者，让其确认交易无误后并签名存证。在监管层中，那些监管主体在取得权限后，随时可以通过存证信息对相关交易活动进行监督审查。在收到区块链层反馈的不良信息后，也能及时地对违规行为做出追责处理。同时合同交易中生成的一些纠纷也可以通过区块链层进行监管取证，确保监管工作的实效性和准确性。在职业比赛方面，区块链技术可以全方位地穿透式监管，对比赛的数据来源进行追踪记录，对那些有不良行为的职业选手进行数据存档，限制了那些有污点的职业选手参与比赛，净化比赛内容。在非法电竞博彩业，区块链能够追踪交易记录，为监管部门留下不法分子的犯罪数据，提升钱财交易的合法性。由此可见，以区块链技术建立的多主体分布式监管体系能够实现政府管理部门与联盟商圈合力的监督体制，实现多元主体精准监督。

（三）基于区块链的电竞产业智能合约流程的设计分析

基于电竞产业优化体系中的交易监管平台分析得出，智能合约是其平台体系中合约纠纷解决的具体实施方法。为此，有必要将智能合约这一板块单独拎出来，详细论述其实施流程，以便更好地解释清楚区块链技术如何解决合约经济纠纷问题。合约纠纷问题是电竞产业运营发展中比较头疼的问题，合约纠纷不仅包括常见的职业联盟中俱乐部和职业选手的合约纠纷，也包括广告赞助纠纷、明星代言纠纷、主播和直播平台纠纷以及电竞公司存在的商业利益纠纷等。在国外，区块链的智能合约技术研究应用已经在体育产业方面有所涉及。

在电竞产业中，智能合约的适用性同样很高。厘清智能合约在电竞产业中的运作流程，对优化电竞产业的发展意义重大。

1. 合约生成环节

合约的执行主体一般指定在两个方面，即甲方和乙方为了确定各自的权利和义务而订立的共同遵守的条文。在电竞产业方面，甲方和乙方分别发布产业需求和供给信息，两者通过交易平台寻找合适交易对象并相互协商。经过协商后，签订符合双方利益均衡的合约，一些合约约定双方参与者进入区块链交易平台体系内进行注册并获取各自的数字身份和交易所需的代币账户，同时生成和返回一对公钥和私钥。其中公钥衍生出数据代码形式的地址，这些数据形式是地址账户标识的显示，私钥的作用是开启验证，保障交易账户安全。其次到了合约的签订环节，由平台交易的多方参与者私下协商拟定一份大家都同意认可的交易合约，合约内容要明确好各方之间的职责关系和利益分配，经确认无误后，合约的参与者分别用各自私钥进行签名，只有签过名的合约才具有有效性。最后将生效后的智能合约通过编程技术代码化后并提交至区块链技术平台以待扩散和验证。

2. 合约执行环节

弱中心管理机构审核智能合约，并拦截不符合要求的交易主体。审核通过后，该交易信息会在交易平台进行广播，在每个区块链节点公开，并将交易数据打包记录在区块链主链中。此过程存在以下原理：首先，区块链的每个节点在对等的基础上获取并存储合同副本，并在下一轮共识开始时验证共识。其次，当形成共识时，区块链的验证节点将形成共识的合约连同其他信息一起打包上链并计算得出该组合约的哈希值，然后生成相应的区块并通过平台扩散到网络中，参与共识验证的其他网络认证节点会接收到相应的区块信息并自动同节点已保存的合同副本进行对比验证，其他节点验证无误后会自动发送自我认可的确认信息。通过一次次的发送认证和比较、确认认证，最后使得达成共识的节

· 155 ·

点超过合约触发的预设底线，完成合约触发共识。经过共识验证的合约将和验证阶段的信息一起再生成新的区块并传播到整个网络中，以待下轮的共识验证。

3. 合约触发环节

智能合约定期检测交易状态和事件触发条件。当满足条件时，交易被添加到待商定的序列中，需要验证同意的交易被扩散到验证节点。该节点首先通过验证私钥的签名与公钥账户一致来确定交易的真实性，然后等待大多数节点达成共识来判定合同验证。如果成功，则认为没有违约，系统将自动执行约定的操作，并通知参与者交易状态的识别已完成，并将移出区块链。与此同时，基于区块链的去中心化机制和激励机制，交易完成后，交易平台还会公开交易完成信息并提升双方信用值，以信用值换取奖励来激励区块链交易平台的使用。如未达成共识出现违约现象，则交由弱中心管理机构追溯责任出处，并对违约方采取处罚，同时区块链层对交易资格重新审核判定，等待下轮共识，如多轮后仍未达成将引入仲裁系统进行评判。

四、基于区块链技术电竞产业运营优化平台的价值分析

（一）依托区块链技术助推电竞产业融合共享

区块链技术在电子竞技产业中的整合，可以优化资源供需转移和信息传递扭曲的问题，实现电子竞技产业的智能化管理。利用区块链技术打破相关产业之间的壁垒，通过跨电子竞技产业的数据共享，实现上下游产业的协同联动和功能优势互补。区块链技术准确连接电子竞技产业的供需侧，实现相关产业的优化整合。依托区块链技术整合电子竞技产业资源，优化相关资源配置。利用区块链技术构建电子竞技明星圈、电子竞技产业圈、电子竞技俱乐部圈、用户群圈等，实现电子竞技产业信息共享和高效的电子竞技资产转化。依托区块链，构建电子竞技产业联盟，加强区域电子竞技产业与电子竞技产业相关业态的交流与合作，最终实现上下游电子竞技产业的融合发展。借助区块链技术建

立电子竞技产业共享平台，实现电子竞技产业信息的交换与共享。电子竞技部门必须依托区块链技术，优化电子竞技产业发展环境，打造集体育、健康、科技、旅游、教育、文化等于一体的综合平台。

（二）构建电竞产业运营保障体系

区块链技术实现了电竞产业与用户之间的点对点交易模式。电竞产业运营中心建立相应的交易条件，简化电竞产业的交易流程。智能合约的分散性属性可以规范电竞产业的交易模式，降低电竞的交易成本，简化电竞产业的交易流程。区块链技术的防篡改和可追溯功能可以有效避免电竞产业中的纠纷，有助于准确、及时、全方位地监督和控制电竞产业产品的使用和版权延伸。在电子竞技将版权链压平时打印防篡改时间戳和水印，可以准确记录、监控和监督电子竞技产业运作的通信过程，并准确追踪侵权责任人。e-sports 版权管理器提前设置产品交易范围和价格范围，设置智能合约并连接，满足条件时自动执行交易行为，确保 e-sports 版权的流通和交易安全。

（三）多元整合，优化电竞产业治理效率

从技术上讲，区块链实现了电子竞技产业、政府部门、社会组织与电子竞技个人需求之间的安全连接，实现了信息的实时更新和相互共享，打破了电子竞技产业各部门之间缺乏协调导致的信息孤岛现象。积极构建"数字政府"，改革创新传统的政府电脑化模式，构建电竞产业数字化治理体系，有效监管电竞产业市场。区块链可以将政府、市场、社会和电竞产业数据有机地联系起来，为电竞产业提供准确的治理决策和数据支持。同时，从技术上为电竞产业治理中的每一个参与者提供公平的权利，满足社会个体多样化的电竞需求，解决电子竞技产业中信息监管缺失、传播扭曲、信任困难等难题，有效解决当前电子竞技领域治理效率低、治理经验差、治理参与度差的问题，促进电子竞技领域的共同治理和多方利益相关者共享。通过将区块链技术应用于电子竞技产品的可追溯性领域，人们可以通过扫描代码准确地了解电子竞技产品的原产

地、物流、检验、信息等所有信息，从而减少和防止假冒伪劣产品。区块链技术时间戳记录功能，帮助人们随时控制消费资金的流向和时间，增强电子竞技产业的消费者透明度，形成多方维护、精准治理的电子竞技产业治理模式。

（四）重塑电竞产业信任体系

区块链技术产生的电子身份信息帮助人们减少重复身份认证，使认证过程简单高效。区块链技术可以存储单个独立的身份文件，信息不能被篡改。电子身份证可以应用于体育产业的全过程。同时，减少烦琐的身份知识连接，从而方便电竞产业的管理，提高人们的消费体验。区块链技术基于精准机器算法的信任优化了电竞产业的信任机制。在评估电竞行业方面，区块链可以重塑体育行业的信任体系，规范相关参与者的行为。人们可以将区块链平台上的电竞服务作为电竞产业信用调查的重要指标。构建基于区块链开放透明的电竞产业运营环境，确保电竞产品和服务的质量。区块链技术的开放性、透明度和可追溯性确保了身份和交易信息的真实性。利用区块链技术，人们可以轻松查询电竞产业消费初期双方的信用调查日志，只有在满足智能合约预先设定的条件时才能进行交易。

第六章　虚拟体育电子游戏中体育文化的重构

第一节　虚拟体育电子游戏中的体育文化

一、虚拟体育电子游戏中体育物质文化的表现

物质文化是指人类创造的种种物质文明，是一种可见的显性文化。[①] 在虚拟体育电子游戏中，体育物质文化经过游戏的虚拟化，以虚拟物品的形式呈现。

游戏的虚拟环境中，部分在现实中尚未形成实物载体或实物载体不明确的体育文化内容，经过游戏的虚拟化形成了具有明确载体的虚拟物品。正如王道杰《体育物化文化研究引论》中提出的体育物化文化：体育物化文化指为发挥体育文化的传承、激励和熏陶作用，将有代表性的人类体育思想、体育精神、体育智慧、体育认知或体育历史等看不见、摸不着或听不到的非实物，转化为看得见、摸得着或听得到的有形物。[②]

在虚拟体育电子游戏中，一些现实中没有明确实物载体的体育文化内容转变为游戏中可使用、可交易的虚拟物品。即在虚拟体育电子游戏的特殊环境中，代表性的人类体育思想、体育精神、体育智慧、体育认知或体育历史等看不见、摸不着或听不到的非实物，被转化为游戏中玩家可以看到、拥有、使用的虚拟物品，这就是游戏中体育物质文化的非实物呈现。

虚拟体育电子游戏中，体育物质文化以虚拟物品的形式呈现在虚拟世界中，这些虚拟物品既作为现实体育物质文化在虚拟世界的投影，呈现现实中包

[①] 薛有才.体育文化学[M].北京：航空工业出版社，2013.
[②] 王道杰.体育物化文化研究引论[J].北京体育大学学报，2016（6）：13-19，28.

含人类精神意志的物质实体，也作为游戏生产方设计、制作的虚拟物品，凝聚游戏生产方的精神意志。

（一）体育物质文化的实物呈现

1. 呈现为体育物品

虚拟体育电子游戏主要以虚拟物品形式呈现体育物质文化，通过对现实体育物质文化的汇集、整理、发展等，形成了具有游戏特色的"虚拟体育物质文化"。

现实中，体育物质文化伴随人类的体育实践分布全球各地，也形成了传播上的空间壁垒。比如体育场馆文化以球场的整体建筑群为实物载体，球场内外的建筑结构、体育雕塑、观众看台等物质实体都是体育场馆文化的重要组成部分。想要感受这样的文化，最好的办法就是亲自前往游戏场馆中进行体验，但在现实生活中，大部分体育爱好者并不具备这样的条件。FIFA系列游戏中，足球场馆越来越真实、完整地被游戏通过3D动画等手段呈现在玩家眼前，并且还有一定量的图片、视频等资料加以补充。相比于亲临现场参观体育场馆以及其他体育物品，游戏免除了玩家的舟车劳顿，大大节约了相应成本，打破体育物质文化传播与传承的空间壁垒，为难以亲身前往感受场馆文化的玩家创造可能。

现实中，一些体育物质文化以符号的形式存在，此类文化内容有时分布分散，以人际传播的形式存在，不易传承和传播。比如体育赛事中，由观众自发组织产生的助威歌曲、助威口号等，如果没有专人进行记录和传播，那么相应的文化内容也可能逐渐消逝。FIFA中收录了大量足球观众的助威声音，在UT模式中，部分球队球迷助威口号、球迷歌曲还被整理成为一种供玩家使用的可交易虚拟物品，玩家使用后，可以在比赛中听到相应球队观众的助威声。

相比于现实中的体育模型、图文影音等体育文化的物质载体，体育电子游戏限制更少而表现力更强，可以创造出比现实更加丰富、更具震撼力的文化内容。比如 FIFA 21 中的 TIFO 文化，它起源于欧洲，逐渐在全世界范围内流行并产生巨大影响力。其以 TIFO 图像为主要物化载体，凭借强烈的视觉冲击力和艺术表现力直观地表达了球迷群体的态度、情感与诉求。TIFO 图像展示方式主要包括六种类型，分别为巨幅彩绘、拼图、彩绘拼图结合、条幅标语、3D立体以及动画展示。①

因为安全、技术等因素的限制，现实中的 TIFO 基本不可能使用礼花、烟雾等道具，其动态效果需要看台上的观众合作手动完成，运动的次数、幅度都有限。但在虚拟世界中，上述问题不复存在，动态 TIFO、烟幕 TIFO 等全新内容也被游戏生产方加入其中，其动态过程真实鲜活，极具视觉震撼力。这无疑在游戏中实现了体育物质文化的发展。

综上所述，虚拟体育电子游戏借助虚拟化的优势，对现实体育物质文化进行汇集、整理，为打破体育物质文化传播的时空桎梏创造可能。甚至还能在现实体育物质文化的基础上进行发展，形成超越现实的文化内容。

2. 呈现出体育参与者

法国著名社会学家皮埃尔·布迪厄提出"文化资本的第一大形态是身体形态"，他认为"身体形态文化资本的积累不仅十分漫长，极费时间和精力，而且它最终也只能体现于特定的个体身上。它是无法通过馈赠、买卖和交换的方式进行当下传承的"。②

身体是文化的载体和文化创造的工具，探讨体育价值时不可能脱离身体的价值以及体育的身体价值。虚拟体育电子游戏中，参与体育实践参与者的"人"的身体作为特殊的文化载体，也经历了虚拟化的过程，成为一种特殊的"物"，"人"与"物"的概念在虚拟世界中进一步模糊了，比如虚拟体育电

---

① 解泽强. 欧洲职业足球赛场 TIFO 文化研究 [D]. 上海体育学院，2019.
② 朱伟珏. 文化资本与人力资本——布迪厄文化资本理论的经济学意义 [J]. 天津社会科学，2007（3）：84-89.

子游戏中大多存在的"球员卡"——其既是现实中体育实践参与者的虚拟投影，也是玩家在可交易、可操纵、可修改的虚拟物品。这使得游戏中虚拟体育参与者既包括"人"的属性，也包括"物"的属性。

从"物"的属性考察，虚拟物品实质就是一串代码数字，这能极大地摆脱体育物质文化传播与传承中的时空限制。2020年10月23日是球王贝利的80周岁生日，南美解放者杯的官方推特发布了一条视频，内容是在 FIFA 21 游戏中还原贝利在1963年解放者杯中的一粒进球，视频完美地还原了贝利身穿桑托斯俱乐部经典款式的球衣，脚踢解放者杯经典款式的足球，进行了包括带球过人、射门得分、与队友共同庆祝等动作。这条视频由 FIFA 21 官方推特转发，并得到了贝利本人的回应："多亏了你，我可以永远进球！谢谢！"

除贝利外，FIFA 21 还推出了超一百名已经退役球员的"超级巨星"版本"球员卡"。这些球星有的刚刚退役，有的已经年过古稀，有的甚至已经不在人世，但他们却可以永远在游戏中的虚拟足球场中纵情驰骋，不同时代的球星还可以在游戏中并肩作战或是相互比拼。每位球星都有生涯前期、中期、末期、特殊时刻四个不同形态的"球员卡"，体现球员在职业生涯不同时期的技术风格。"球员卡"中特别记录了球员的生涯历程与数据，特殊时刻球员卡则记录了球员在球场上的经典时刻。玩家能通过游戏，直观感受到自己所处时代不同球星的个人特点、战术风格及包含在他们身上的文化内涵。玩家对体育偶像的精神需求能够得到满足，玩家寄托在偶像身上永远追逐胜利、追求超越的体育理想得以永久延续。

此外，依托体育明星产生的体育明星文化，作为基于身体形态的文化资本，只能体现在特定的个体身上，传承非常困难。大多数体育明星文化的传播存在生命周期，且生命周期往往与体育明星的运动生涯周期重合，时间从十几年到几十年不等。虚拟体育电子游戏通过虚拟化，高度还原体育明星、赛场环境等因素，突破了时空和人类身体的限制，极大地延长了体育明星文化传播的生命周期。

从"人"的属性考察，在体育参与实践中，虚拟体育参与者作为体育实践参与者的虚拟投影，与现实中的体育参与者息息相关，传承现实体育参与者的身体属性和文化属性。比如上文中，游戏里的贝利传承了现实中贝利的身体属性和足球技术，同时也能被每一名玩家所使用。

当然，在现实中并非每个参与身体运动的个体都能将自己的身体塑造成为一种特殊的文化现象，而少数能凭借身体资本造就特殊文化现象的人就是体育明星，其过程可以理解为：身体资本造就了球星，球星身体资本创造出属于自己的身体符号，以身体符号表达具有表意性的文化象征和具有社会意义的文化影响力。[1]游戏中的体育参与者也大多是体育明星的虚拟形象。体育明星经过游戏的虚拟化，成为虚拟世界中体育明星的投影。这一投影作为虚拟的"人"继承体育明星在现实中的文化象征和文化影响力，传承体育明星的身体属性和技术水平，同时承载现实中人们寄托在体育明星身上的个人情感与体育理想。

综上所述，虚拟体育电子游戏通过技术手段，在虚拟空间中呈现体育参与者的虚拟形象。游戏中，体育参与者的虚拟形象形成了"人"与"物"两种属性，继承体育参与者的文化象征和文化影响力，传递寄托在体育参与者身上的情感因素。同时能极大地摆脱体育物质文化传播中的时空桎梏，使玩家直观且沉浸式地感受以体育明星为主的著名体育参与者作为特殊物质文化载体承载的体育文化。

（二）体育物质文化的非实物呈现

物化是指实物化、物品化或有形化，即将非实物或稀有物转化为有形物。[2]比如一名运动员在赛场上拼搏奋斗、遵守规则，在赛场外积极参与公益活动、践行体育精神，但他践行的体育精神很难被人们直接感知到。而媒体通过文字、图片、视频等形式对他的行为报道，将其所体现的体育精神文化物化为可以直接感受的图文音像材料，这些图文音像材料也是一种体育物质文化。从传

---

[1] 薛岚.球星的身体资本与文化象征[J].体育与科学，2012（1）：18-23.
[2] 王道杰.体育物化文化研究引论[J].北京体育大学学报，2016（6）：13-19，28.

播过程来看，这种文化内容往往需要经过物化和传播两个阶段。同时，由于传播者不但需要承担信息传播的功能，还需要对非实物的文化进行物化，传播过程的成本更高，也更为依赖传播者。

虚拟体育电子游戏中，物化的过程与虚拟化同时进行。现实中尚无明确物质载体的文化内容，在游戏中能够形成明确的虚拟物质载体，这主要体现在"球员卡"这一完全虚拟的物品上。种类繁多的"球员卡"是 FIFA 21 的 UT 模式的主要虚拟物品，部分特殊卡片在画面、数值、兑换要求等方面链接现实中的比赛或场外事件。比如每周推出的本周最佳阵容球员卡（即"周黑卡"），就是该周表现优异的球员，在普通卡牌的基础上数据全面上涨后的卡片，每一张周黑卡都与现实中的比赛相关，代表该球员在当时的比赛中表现优异，可以认为"周黑卡"是游戏中对"球员优异表现"的物化，包含了球员高超的技战术水平、自身的拼搏精神等丰富内涵，玩家看到相应的"周黑卡"，就能感受到该球员在比赛场上展现出的高超技艺和体育精神。

FIFA 系列游戏中，还有其他各类球员卡与多种现实事件相联系，如 FIFA 20 在 2020 年 4 月推出的"社区冠军 SBC 球员"版本的格雷茨卡"球员卡"。格雷茨卡发起了"We Kick Corona"公益活动来帮助医疗和社会机构，这张球员卡就是对"格雷茨卡在球场外积极践行体育精神、投身公益事业，场上表现优异"这一非实物体育文化的物化呈现。通过"球员卡"，现实中尚未形成体育物质文化而承载体育文化的行为等有了明确的物质载体，在游戏中广泛传播，其影响力也能向现实进行辐射。

二、虚拟体育电子游戏中体育制度文化的表现

制度文化是三个层面构成的：一是传统、习惯、经验与知识积累形成的制度文化基本层面，二是由理性设计和建构的制度文化高级层面，三是包括机构、组织、设备等等的实施机制层面。

体育制度文化的基本层面包括体育道德、体育价值观念、体育风俗习惯等内容，其高级层面主要包括体育竞技战术、体育运动项目竞赛规则、体育法律法规等内容，在实施机制层面主要包括体育组织机构等。虚拟体育电子游戏在玩家沉浸性体验的基础上，展现出了多元的体育制度文化。

（一）产生虚拟世界新习俗

虚拟体育电子游戏首先作为电子游戏存在，其次才因为体育相关的内容被划分为体育类电子游戏。在与现实体育参与环境存在差异的虚拟环境中，在游戏价值观念的影响下，玩家难免会产生区别于现实体育活动的全新行为，这些行为逐渐发展为得到多数玩家共同认可的游戏习俗。

FIFA 21 随着时间推移不断推出目标任务，每个目标都对应特等奖励，简单的目标很好完成，比如进行三场比赛、打入五个进球，奖励也相对较低，可能是一个价值较低的卡包。复杂的目标奖励丰厚，可能是价值较高的卡包或数值较高的球员卡，这样的目标往往由四五个小目标组合而成，比如赢得 15 场胜利、打入 30 个进球、由特定球员完成 10 个头球等，需要耗费不少的时间和精力才能完成。面对需要"刷"胜利场数的任务，玩家在百度贴吧、微信群、QQ 群等自发组织，提出了统一使用中超队徽和先进球的球队算胜利另一方自动退出的建议，并得到了一批玩家的响应。

面对需要"刷"数据的任务，一般由需要"刷任务"的玩家先自己踢一个乌龙球，之后两方往往能心照不宣，互相帮助对方完成任务。诸如此类的行为，已经成了 FIFA 系列游戏的潜规则。不难看出，这种为了"刷任务"故意认输、故意创造防守空洞的行为是违背体育精神的，但在游戏中，如果不遵守上述的潜规则，反而会遭到其他玩家的反对和谴责。

综上所述，在多方因素影响下，游戏中逐渐形成了一些适用于虚拟空间的潜规则，并逐渐上升到玩家自觉遵守的"虚拟体育电子游戏习俗"。这种习俗有时可能不符合现实中的体育道德标准，但符合玩家的利益诉求和价值判断。

（二）映射体育竞技战术

竞技战术是在比赛中为战胜对手或为表现出期望的竞技水平而采取的计谋和行动。[1]体育竞技战术在长期的体育实践中发展起来，并用于指导体育实践开展。在现实体育实践中，体育竞技战术具有内容抽象、专业性强等特点，往往需要一定的专业理论知识才能认知和理解。

在虚拟体育电子游戏中，体育竞技战术经过适应环境的模拟和变化，直观地映射出体育竞技战术在理论方面的各项成果。鉴于游戏一名玩家操控整个队伍的需求，游戏中的竞技战术往往是经过简化的，能更具象化、更直观地为玩家所接受、理解和记忆。FIFA 21中的竞技战术主要包括球队战术和球员战术两部分，都可以在比赛前调整好，在游戏过程中，电脑AI会控制玩家暂时将未操控的球员按照预设战术行动。这样玩家可以形成自己的战术风格，又不至于在比赛时太过慌乱，但是简单的战术也可能带来呆板、固化等问题，比如游戏中没有专门应对红牌罚下一人后，场上只有10个人的战术。

NBA2K 19收录了从20世纪NBA成立开始多支球队的战术，累计超过300套，每套战术又有多元化的进攻战术、防守战术等。在梦幻球队模式中，这些战术被虚拟化成为可以获得、交易的战术手册，玩家可以针对自己的阵容，购买不同的战术手册，并在游戏中通过简单的操作控制球队执行战术跑位，还可以随时进行360°回放，即时分析战术得失。

在体育教学中，虚拟体育电子游戏也能发挥积极作用。有研究者提出：在战术理论知识的教学效果上，运用电子竞技游戏"NBA2K 18"进行战术教学的方法好于常规战术教学方法。体育院校篮球专修课程中运用电子竞技游戏

---

[1] 眭源.浅论篮球战术及高校学生篮球战术意识的培养[J].当代体育科技，2013（7）：35，37.

"NBA2K 18"进行战术教学具有一定效果，学生能基本掌握战术内容。①

这也证明，虚拟体育电子游戏在虚拟环境中高质量地模拟出现实体育竞技战术，映射体育理论的发展成果，能够起到记录、保存体育竞技战术发展成果和帮助玩家理解抽象体育战术理论的作用。但相较现实更加简单、固化的战术也可能影响虚拟世界中体育竞技战术的合理性，产生现实中不存在的"无敌战术"等新内容。

（三）植入现实规则与探讨规则演进

虚拟体育电子游戏与现实中的体育运动项目或职业赛事体系存在对应关系，大多数虚拟体育电子游戏的玩家也是相应运动项目的爱好者。

比如 FIFA 21 中核心玩法的规则，基本完全采用了国际足联发布的足球竞赛规则，并且加入裁判判罚尺度的弹性因素，尽可能接近现实比赛规则。由NBA 官方参与制作的 NBA 2K 系列游戏更是严格遵守 NBA 的相应规则条款，比如在终极联盟（玩家作为经理管理俱乐部）模式中，玩家在管理俱乐部的过程中受到工资帽、伯德条款、罗斯条款等规则的限制，能够更具象地认知和理解相应的规则、制度。

此外，虚拟体育电子游戏凭借虚拟化的优势，在游戏中融合展现不同的规则，打破现实中规则的稳固性而进一步体现游戏性。在 FIFA 21 的快速比赛和UT 模式的友谊赛中，玩家可以遵循特殊规则开始足球比赛。无规则（无越位、犯规和出牌的比赛）比赛模式，还原了早期足球比赛的经典模式，能够展现足球规则的历史。

在 NBA2K 20 终极联盟模式中，还出现了对于现有规则的探讨与对新规则的探索——每个赛季，玩家作为球队经理都可以提出对比赛规则的改进，并投票决议是否采用其他经理提出来的新规则。新规则包括增设 4 分线、取消 3 秒

---

① 杨诗俊. 电子竞技游戏 "NBA2K 18" 在体育院校篮球专修课战术教学中的实验研究 [D]. 武汉体育学院，2019.

违例、将每次进攻时限由 24 秒增长为 30 秒、加时赛中先得分的队伍获胜等，而玩家手握是否采用新规则的关键一票。

上述规则有的在历史中或一些娱乐赛事中出现过，比如增设四分线等规则，有的则没有在篮球历史中出现，比如加时赛中先得分的队伍获胜的规则。由于游戏所处的虚拟空间特性，玩家无须为规则改变后的体育运动发展走向担心，可以体验多种不同的规则体系。这在客观上能帮助玩家认识规则演进的过程，加深玩家对于体育规则、制度演变过程的认识和对现有规则、制度的理解与思考。

（四）深入参与体育组织运行

曾经国内 FIFA 游戏资讯自媒体 "EASPORTS FIFA" 的一项有 2084 人参与的公开调查中，CM 生涯模式和 UT 终极球队模式分别以 49.04% 和 33.69% 的投票成为玩家们主要在 FIFA 20 中进行的游戏模式。

一名普通的体育爱好者一般只能接触到体育组织机构的外围部分。比如一家足球俱乐部，一般球迷只能接触到一线队的球员、教练和为数不多的一线工作人员；而一家成功的俱乐部，势必有成百上千的工作人员进行服务，包括法务、商务、医疗、青训等多个支持团队。类似 FIFA 21 生涯模式的虚拟体育电子游戏玩法，就是玩家虚拟形象参与体育组织运行的过程。FIFA 和 NBA2K 等系列游戏的生涯模式一般有两种玩法。其一是以球员身份代入，可以选取现有球员，也能以玩家为蓝本创造一名虚拟球员，通过训练、比赛不断成长，最终冲击冠军。一些制作精美的游戏中的生涯模式还会随着球员的成长触发剧情。其二是以经理的身份代入，一般是创造一名虚拟人物，兼具俱乐部经理人和球队教练的双重身份，通过买卖球员、设置战术、安排训练等手段完成董事会或老板提出的目标任务。经理在此过程中还要应对媒体，与老板、球员、工作人员进行博弈，调节他们的关系、照顾他们的情绪，最终维持俱乐部的稳定发展。

同时，游戏中体育组织运行的周期被大幅缩短。因为在游戏的相应模式中，核心玩法从比赛转向经营，玩家的主要目标也转向为夺取冠军、完成盈利、打造球队等，为了实现上述目标任务，快速获取反馈，玩家需要在短时间内快速进行多场比赛。基于这种需求，游戏设置了"模拟比赛"的功能——在游戏中跳过比赛过程，快速生成比赛结果，短时间内完成现实体育实践中周期较长的体育组织运行过程。这可能会导致玩家的注意力集中在体育赛事的结果上，影响游戏中"虚拟体育文化"的产生。

综上所述，在游戏中，玩家能够深入参与体育组织运行，内容丰富、新奇有趣的沉浸式体验，能直观地呈现简单的体育组织运行规律，但体育组织运行的周期被缩短也可能带来新的问题。

三、虚拟体育电子游戏中体育精神文化的表现

体育精神是人在体育运动过程中所表现出来的心理过程与行为特征。它是参与体育运动的人为了实现既定的目标和任务所表现出的一种心理品质和行为特征。

调查显示玩家喜欢玩 FIFA 游戏是因为"对足球运动的热爱"、"通过游戏娱乐身心的需求"和"对某支球队或球星的喜爱"三个原因选择该游戏。游戏满足玩家的需求，以虚拟足球运动为核心玩法，以虚拟球队、球员为主要内容，由于虚拟的足球比赛和球队球员都是其现实存在的映射，其必然在一定程度上反映现实中足球运动崇尚的公平公正、追求极限的价值观念和现实球队、球员蕴含的精神属性，游戏反映的现实内容就是虚拟体育电子游戏中体育精神文化的具体表现。此外，兼具娱乐性和竞技性的虚拟体育电子游戏也能继承体育娱乐身心、追求极限的价值导向，适应虚拟世界的特性而呈现出来。

（一）建立强势文化环境，将现象代入情境

竞技精神是人类共同的文化，竞技精神形成与各国各民族文化密切相关。体育精神也根据地域、民族的差异而体现出差异性的特征与表现形式，比如在

美国深受欢迎的橄榄球运动，其极强的攻击性体现出美国人开疆拓土的竞争意识。同样地，游戏生产方所处的母文化环境也会影响游戏中的虚拟文化环境，输出母文化的文化内容和价值观念。

目前大部分生产虚拟体育电子游戏的公司集中在以美国为首的西方国家，因此在体育项目选择上，也倾向于契合西方价值观念的项目，比如足球、篮球、橄榄球、棒球、拳击等。游戏的主要模式、玩法往往也能体现这种价值观念。在 NBA2K 19 中，"辉煌生涯"（玩家建立球员虚拟形象进行比赛）模式中，玩家的虚拟形象完全就是通过个人奋斗实现个人价值的"美国梦"代言人。该模式中丰富的发型、文身、服饰和多变的技战术动作，同样彰显出美国文化中的自由主义精神。游戏中的终极联盟模式则集中高度商业化的美国文化特质——经营俱乐部是否合格的评判标准并非是否能够夺取冠军，而是能否维持健康的球队财政和较高的比赛上座率。在对游戏的沉浸性体验中，玩家很容易将自身代入自己在游戏中的虚拟角色。

游戏中的诸多内容、细节能够建立强势的文化环境。FIFA 系列游戏 UT 模式中，每逢万圣节、圣诞节等西方节日时，游戏生产方都会推出各类大型活动，包括特殊球员卡、特殊球衣、目标任务等，营造浓重的节日气氛；而在中国传统节日时活动比较少，2021 年春节期间也仅推出了一款主题球衣，并无其他活动。

（儿童）强化体育实践游戏性，拓展参与度体育精神是指人们在体育实践活动中形成的，以健康快乐、挑战征服、公平竞争、团结协作等为主要价值标准的意识、思维活动和一般心理状态。体育精神的核心是超越。

体育精神源于体育实践活动，又反作用于体育实践活动，对体育的发展产生深刻影响。人们在体育实践活动中体现体育精神，通过体育实践弘扬、传承和发展体育精神。虚拟体育电子游戏通过强化体育实践的游戏性，在游戏内外拓展玩家的参与度，体现和弘扬体育精神。

虚拟体育电子游戏的主要玩法是对体育实践的虚拟化，存在与现实体育实践活动相同的部分。游戏引导玩家追逐胜利，追求超越自我、超越对手。一般来说，游戏中实现胜利、获得成功需要的时间更短、付出的代价更小。比如现实中想决出英国足球超级联赛的冠军，需要 20 支球队近一年的相互比赛，而在游戏中只需要玩家操作几个小时就能完成。在职业游戏领域，这种追求超越、挑战极限的精神更能得到彰显——一位日本职业选手曾在直播中连续训练三个小时，只为了快速完成一个花式动作。

游戏中的规则和机制也能够体现公平公正、永不言弃等体育精神，例如在 FIFA 21 UT 模式中的 DR 比赛里，玩家不论胜败，都会获得一定量的金币，胜利或失败时会增加或扣除相应的积分。如果遇到积分较高的对手，失败后扣除的积分会相应减少；但如果玩家放弃比赛，就会扣除大量积分，并且没有任何金币的奖励；如果玩家在游戏过程中退出游戏，还会在接下来的几场比赛受到金币奖励减少的惩罚。这就能够驱使玩家即使面对强敌，也必须勇敢应战，在游戏时间内努力战胜对手，体现直面困难、永不言弃的体育精神。

此外，由于在虚拟体育电子游戏中，玩家在很多情况下都需要一个人操作一个团队进行竞赛，而且往往需要发挥团队中每个个体的作用才能获胜，这样的设计能够加深玩家对于每个人在团队中的定位、发挥的作用等问题的认识与理解，现实中可能出现的团队内部矛盾等问题被排除在外，玩家能更好地感受团结协作、共同胜利的团队精神。

从形式来看，虚拟体育电子游戏与其他体育实践活动不同，其具备虚拟的特性，只需要非常微小的身体活动就可以沉浸式地体验体育实践活动，为许多身体存在缺陷的人提供了参与体育实践活动的可能。非营利慈善组织 Able Gamers 成立于 2004 年，致力于让残疾人获得与其他玩家相同的游戏体验。他们曾将 FIFA 13 评为年度最适合残疾人的游戏，原因是 FIFA 具有高度的自定义键位设置以及 AI 难度调整，身体不便的玩家可以通过调整操作方式、降低游戏难度等方法获得与其他玩家类似的游戏体验。2018 年，患有先天性脆骨病的尼克拉斯（Niklas Luginsland）签约斯图加特足球俱乐部，成为一名 FIFA 游戏的职业玩家，而在现实中，他永远无法参加足球运动。曾经获得 2015 年度普斯卡什奖的巴西足球运动员文德尔·利拉（Wendell Lira）于 2016 年因伤病原因退役，他在退役后成了一名职业的 FIFA 游戏电竞选手，通过游戏，他的运动生涯也得以延续。可以认为，虚拟体育电子游戏作为一种参与体育实践的方式，拓展了体育实践的参与人群。

（三）发挥游戏娱乐作用

现代体育的源头，可以追溯到人类所创造的游戏，而电子游戏是人类游戏发展与延伸的现代产物。[①] 虚拟体育电子游戏既属于体育的文化衍生品，又是一种广受欢迎的电子游戏门类，自然体现游戏所具备的娱乐身心作用。

虚拟体育电子游戏中，每个玩家所处的虚拟空间都相对独立，玩家能够在其中进行一些超越现实的操作以实现自我娱乐，而不会影响他人。比如某位 A 队球迷刚刚观看了自己喜爱的球队在比赛中 2～8 不敌 B 队，惨痛失利；他可以立刻进入 FIFA 21 在快速比赛模式中，控制 A 队与 B 队进行较量，也可以开始一局经理模式游戏，将现实比赛中发挥失常的 5 号球员售出甚至开除，通过自己的运营，帮助球队夺取冠军。

同时，虚拟体育电子游戏在一定程度上存在对"体育是身体运动"这一本质的背离，如前文所述，虚拟体育电子游戏是"久坐型"的，玩家游戏时的身体活动量几乎可以忽略不计。游玩虚拟体育电子游戏与现实世界体育参与的关系并不明确，玩涉及体育内容的游戏还可能刺激玩家参与现实体育活动的需求和愿望。本书设想随着技术的发展，模拟类体育游戏和虚拟类体育游戏的界限可能会逐渐模糊，最终通过技术手段，完成游戏对于体育本质的回归。

[①] 吕树庭.关于电子游戏·电子电竞·现代体育的断想[J].广州体育学院学报，2020（1）：9-12.

第二节 虚拟体育电子游戏中体育文化重构的实现

一、虚拟体育电子游戏中的数字化形态

数字化，是将许多复杂多变的信息转变为可以度量的数字，再根据这些数字建立数字化模型，把它们转变为一系列二进制代码，引入计算机内部，进行统一处理。数字化的实现过程，也是从现实到游戏虚拟化的实现过程。

（一）数字化形态重构体育文化的表现形式

根据数字化对象的不同，可以将游戏中的数字划分为三类，分别是体育文化环境的数字化、体育物质文化的数字化和体育制度文化的数字化。

1. 体育文化环境的数字化

体育文化环境的数字化，主要表现在数字化的虚拟空间和体育实践形式的数字化上。其一，游戏通过数字化手段，建构独立的虚拟空间。游戏通过计算机技术将现实体育实践形式的物理特性进行记录，并在虚拟世界中模拟出来，以数字化的形态呈现在玩家眼前。FIFA 21 将包括球员身体运动、足球运动轨迹等体育实践中的物理性特征较为真实地呈现在游戏比赛中，辅以各种不同内容的玩法模式打造一个独立的数字化虚拟世界。其二，虚拟体育电子游戏中的体育实践，实质上可以概括为玩家的电子媒介形象在虚拟空间中行动最终达成特定目标的过程。这种方式基本不需要玩家进行身体活动，主要通过控制虚拟人物进行身体活动参与体育实践。

2. 体育物质文化的数字化

体育物质文化的数字化，主要表现在体育物品的数字化、体育参与者的数字化和体育参与群体的数字化上。

（1）体育物品的数字化。如前文所述，虚拟体育电子游戏通过呈现虚拟的体育物品，打破体育物质文化传播的时空桎梏，并在现实体育物质文化的基础上进行发展，形成全新的"虚拟体育物质文化"。

（2）体育参与者的数字化。在未比赛时，球员以"球员卡"的形式存在，每张球员卡都有其独有的位置和属性值。其中数值包括一个总属性值和速度、射门、传球、带球、防守、体能6个具体属性值，6个具体数值又涵盖了身体素质、足球技术、比赛意识等多个具体数值，即为球员坎特的"黄金稀有"版本球员卡及属性详情。

卡片还将球员做花式动作的能力和使用"逆足脚"（即非惯用脚）的能力区分为1星到5星的不同等级。此外，游戏中还有特殊的"默契风"格卡片，对球员使用后，球员就具备了这一"默契风格"，其相应的能力得到增强。比如坎特目前的默契风格是"影子"，他的速度和防守相关属性值得到了提升。在比赛中，游戏使用球员身体状况及各项属性值建立起适当的数字化模型，利用计算机技术模拟出现实球员等比例缩小后的虚拟球员。

在 FIFA 21 的 UT 模式中，数字形态的球员也不再是独一无二的，而成了一种可以获取和交易的商品。游戏规定物品的最低限价和最高限价，并提供玩家互通的交易市场，玩家之间的交易围绕球员和各类体育物品游戏，以拍卖的方式进行交易。此外，现实中足球教练的主要作用被玩家取代，UT 模式中的教练主要为球队中相同国家和联赛的球员提升默契度，并在添加合同时有一定增益。

（3）体育参与群体的数字化。UT 模式中，玩家组建阵容时必须考虑默契度的因素。默契度，玩家俗称"化学反应"或"化学"，单名球员的数值最高为10最低为0，满默契值可以提升球员的各项数值，如果球员默契度低于10，他的各项能力就会在比赛时被削弱。一名球员的默契值由他所处的位置与他相邻的球员共同决定，如果玩家想要一名球员获得较高的默契值，必须满足以下两个条件：

首先，该球员在阵容中所处的位置必须与其球员卡标注的位置相同或基本相同，如果前锋（ST）放在后卫（CB）的位置上，其最高默契度只有4。位置可以用"位置修改器"卡牌在一定范围内进行修改，比如前腰（CAM）可以改成后腰（CDM），但前锋（ST）不能改成后卫（CB）。其次，该球员在阵容中必须和与他相同国家、联赛或俱乐部的球员相邻。相同联赛或国家的球员间有一条"黄线"，相同俱乐部或联赛、国家都相同的球员间有一条"绿线"，俱乐部与国家都相同的球员之间有一条"超级绿线"（相当于两条绿线），上述条件均不满足的球员之间有一条"红线"。一名球员想要拥有满分的默契值，必须满足没有红线或绿线的数量大于等于红线。

3．体育制度文化的数字化

体育制度文化的数字化，主要表现在体育技战术的数字化和体育组织的数字化。其一是体育技战术的数字化，除上文提及的战术外，游戏中映射现实体育赛事中丰富的技术动作，游戏中设计了一套较为完整的操作系统，以便玩家更加灵活地掌控虚拟人物。FIFA 21中收录了110余个花式动作，这些花式动作被分成1～5星不等的难度，其难度对应球员的花式能力和玩家的操作难度——1星花式动作任何虚拟球员都可以完成，玩家操作也比较简单，比如"膝盖颠球"动作对应的手柄操作为"重复摁下右摇杆"。5星花式只有特定球员可以完成，需要玩家讲究操作时机，且操作比较复杂，比如"后拉挑球"动作对应的手柄操作为"按住左摇杆拨后方向，然后摁下右摇杆"。其二是体育组织的数字化。如前文所述，为满足缩短体育组织运行周期的要求，游戏使用数字化手段创设了"模拟比赛"的功能，简化了虚拟世界中体育组织运行的步骤，形成了结果导向强烈、运行周期时间短、运作机械化、运行效率高的"虚拟体育组织"。

（二）数字化形态重构体育文化的实现路径

如上文所述，虚拟体育电子游戏中以数字化形态进行文化重构的实现路径，主要体现在作为体育参与者和体育参与群体的数字化和体育物品、体育实践形式等环境的数字化上。

1. 人的数字化路径

人的数字化，就是将体育实践中体育参与者和参与群体复杂多变的信息转变为一系列数字的集合。无论是体育参与者个体的属性、风格还是体育参与群体中个人、集体的默契，都比较难以使用数字衡量。

虚拟体育电子游戏受限于技术手段、游戏成本等因素，必须将体育参与者的各种属性以特定的数值固定下来，如沉着、防守意识、积极性等，都有一个固定的数值。这无疑会造成体育文化的重要载体——体育参与者和体育参与群体与现实中形成差异，从而实现体育文化重构的过程。体育参与者和体育参与群体"物"的属性被其数字化形态进一步放大，通过静态化和去情感化实现游戏中体育参与者与参与群体的重构。

（1）静态化主要体现在体育参与者动态属性的静态化、动态发展的静态化和能力相对差距的绝对化

其一，现实的体育实践中，体育参与者的身体、心理属性处于动态变化的过程中，比如"积极性"这一属性，可能受到体育参与者在参加体育活动前的身心状态、碰到的人员、事物等因素的影响。FIFA 21 中球员卡的"积极性"是一项球员的固定属性，每场比赛都不会产生变化。

其二，现实体育实践中，体育参与者能够通过不断地训练、比赛实现自我提升，这样的提升过程也是动态化的，是在长期的体育实践中逐渐完成的。但在虚拟体育电子游戏中，这种动态的变化被异化为了从一个静态到另一个静态的转变。比如 FIFA 21 生涯模式中，球员在比赛和训练后，其属性值都会有相应的上涨，这种上涨是明确并可以量化的。

其三，在体育实践中，虽然体育参与者之间的体育参与能力存在差异，但这种差异是相对的，能够通过比赛中的个人努力、战术安排等予以弥补，因此

在体育赛事中以弱胜强、以下克上的实例并不少见。但在球员能力以数字化形态固定下来后，体育参与者之间的差异也被绝对化了，以弱胜强的可能性也有所下降。

（2）去情感化主要体现在体育参与者上，体育参与者从现实中活生生的人，到游戏中的虚拟人物，已经不存在任何情感因素

这在体育群体中也同样表现出来，现实中两名体育参与者的默契必然受到情感因素的影响，但在游戏对体育群体数字化的过程中，这种情感的因素被抽离了，取而代之的是机械化的评判标准。举一个较为极端的例子，A球员和与他相同俱乐部相同国家的B球员的妻子发生了不正当关系，现实中他们很难再有默契可言，但在游戏中，他们之间仍旧会形成一条"超级绿线"，获得极高的默契数值。

2．环境的数字化路径

环境的数字化是游戏虚拟现实的来源。如前文所述，虚拟空间一部分完全还原现实，一部分因游戏需求、技术限制等因素与现实存在偏差，一部分因为虚拟空间的优势又可以弥补现实的不足。体育文化在游戏中的重构，主要可从物质文化、制度文化的层面展开分析。

（1）通过对数字化形态下的体育物质文化考察可知，在数字化的虚拟环境中，虚拟物品映射现实物质文化载体，但却能让玩家以更低的成本更直观地进行感受。同时，游戏中还应对现实问题、玩家需求，产生了现实体育实践中并不存在的"虚拟物品"，催生出游戏中的"虚拟体育物质文化"。

（2）通过考察数字化形态下的体育制度文化可知，游戏的虚拟空间既为体育制度文化提供了更多可能，也对其产生了一定制约。同时，虚拟意义空间中，体育参与的主体变化，与现实中对战术、规则等制度文化的诉求产生变化，相应的制度文化也随之转变：

其一，体育道德标准转变为"虚拟体育道德标准"。例如前文所提到的

"刷任务"等潜规则，就是虚拟空间中适应玩家需求形成的"虚拟制度文化"，这种文化习俗所遵循的道德标准已经与现实体育参与存在明显差异。此外，在游戏的虚拟环境中，现实中作为体育参与者的人被以商品的形式（球员卡可交易，还可以在 SBC 中消耗以兑换物品）符号化了，参与体育实践的"人"与执行玩家命令"物"的概念在游戏中模糊化了。

游戏中将体育参与者作为"物品"进行兑换的阵容创建挑战得到了玩家的普遍认可，此模式中，虚拟体育参与者"物"的属性在一定程度上超越了"人"的属性。

部分玩家还会通过倒卖球员卡获取利益。2019 年，足球运动员萨拉因飞机坠毁不幸逝世，在萨拉飞机失联后，有玩家试图通过倒卖他的"球员卡"在 UT 模式中获取利益——事故前，他的"普通黄金"球员卡起拍价 600 金币，最高限价为 1 万金币，一般需要不到 1000 金币即可购买。球员失联后，市场中的球员卡被抢售一空，想要购买只能以最高限价 1 万金币购买。该行为在体育界和游戏界均引起了极大争议，最后游戏生产方出于对死者的尊敬，将他的球员卡直接从游戏中移除。

其二，体育技战术的优化与固化。虚拟空间是一把"双刃剑"，既能使体育技战术具备更多探讨空间和优化可能，也在一定程度上限制了玩家的创造力。

虚拟空间相对独立，一些单机模式中，游戏内容与玩家行为都不会影响其他人，这能为玩家提供更多尝试的机会，为体育技战术的优化提供可能。FIFA 21 生涯模式中，玩家在开始游戏时可以为自己选择的俱乐部注资 1 千万到 5 亿元不等（欧元、英镑、美元均可）。游戏中还省略了现实足球俱乐部中复杂的人际关系，玩家可以与球员进行对话，但是对话内容仅有三个选项，且玩家可以提前知道每个选项带来的后果。这能帮助玩家集中精力在战术设计和球员成长上，避免金钱、人际关系对足球战术的影响。此外，该模式中的比赛可以重新开始，玩家可以不断进行尝试，深入钻研球队战术的优劣。

但是，不论呈现形式如何，虚拟体育电子游戏本质是相对固定的代码与程序，这些程序在开发完成后一般不会大幅调整，这也在一定程度上限制了体育实践中人的创造力，或者说给体育参与者的创造力框定了上限。比如在 FIFA 21 中，110 余个花式动作看似并不少，但体育参与者在体育实践中使用的动作难以计数，仍有新的花式动作被创造出来，而游戏目前仍然缺乏此种创造性的渠道。

其三，体育参与形式的结果化。这主要体现在涉及体育组织机构的内容中。FIFA 21 中的经理模式，在任务目标与游戏条件驱动下，玩家的注意力聚焦在比赛结果上，对体育赛事过程的关注度也随之降低，玩家无须观看一场比赛的全过程，游戏就能快速模拟出比赛的结果和技术数据统计等信息。体育比赛的意义集中在其结果上，体育实践过程成为可以模拟和跳过的数据集合。

二、虚拟体育电子游戏中的选择性呈现

在虚拟体育电子游戏中，无论是作为虚拟空间建构者的游戏生产方，还是虚拟体育实践参与者的玩家，都有不同于现实体育参与的利益诉求和价值导向。在此干预下，虚拟体育电子游戏呈现的并不是原汁原味的体育文化。体育文化在进入虚拟空间的过程中，首先被游戏生产方进行选择，其后又被玩家选择性地认知与接受，体育文化在选择的过程中完成重构。

（一）选择性呈现重构体育文化的表现形式

选择性呈现重构体育文化的表现形式，主要可以归结为两种。

1. 体育文化内容的简化

出于方便玩家理解、降低游戏成本等因素的考量，游戏中的体育文化在很多方面都被简化了。如前文所述的默契度，就是对体育团队文化的简化。在现实体育参与中，两名球员需要通过不断的比赛、训练和体育活动外的沟通交流才能产生默契，FIFA 游戏中直接将复杂的默契产生过程简化为了"以出身定

默契"——直接通过球员所属的国家、联赛和俱乐部来确定他们之间的默契。

游戏中的战术也是得到简化后的游戏战术，例如 FIFA 21 中的战术设置主要包括战术（防守风格、阵型宽度和深度等）、阵型、指示（指示电脑 AI 操作时的球员行为，包括进攻、防守、传中、拦截等）、角色（队长、任意球、角球人选），而现实中的战术则更加多元。

2. 游戏对体育文化的扬弃

在漫长的演变与发展中，体育文化中毫无疑问也存在一些消极的部分，比如足球流氓文化：嫁接在行为之上，通过直接身体暴力、间接网络暴力和言语暴力寻求男子气概、实现地域争斗、谋取心理刺激和博得政治暴力等。在虚拟体育电子游戏中，这种体育暴力的因素通过选择得到减少，对虚拟世界中的体育文化起到积极作用。

（二）选择性呈现重构体育文化的实现路径

虚拟体育电子游戏中的选择性对体育文化的重构，主要可以从游戏生产方和玩家两个角度来考量。从游戏生产方来看，虚拟体育电子游戏出于种种因素，对体育文化进行了简化、美化，并在游戏中加入独特的系统，产生了对体育文化的异化。玩家在游玩过程中，对游戏里的信息进行选择性的接触、理解和记忆，并在此过程中进行"二次创作"，形成新的虚拟体育文化。

体育团队精神是体育团队所有成员理想信念、价值追求、道德修养、意志品质的整合并在团队整体作风、纪律性、凝聚力和士气等方面的综合体现。它标志全队成员在思想、观念、情感、行为方面的有序化和一体化程度，是一支运动球队良性发展的精神支柱和灵魂。

在游戏中，复杂的团队精神被简化为了默契度的固定数值，体育团队精神的实现被异化成了国家、联赛和俱乐部简单搭配和对默契数值的加减运算，还被玩家将默契值戏称为"化学"，将搭配默契的过程戏称为"化学作业"。

游戏中的战术是对现实体育战术的简化，能起到便于玩家理解和操作的作用。但实际比赛中，简化后的战术很难把所有问题照顾周全，这就可能造成体育战术在游戏中产生变化。例如现实足球比赛中，边后卫插上助攻非常常见，是一种常规的战术手段。而 FIFA21 的 UT 模式中，为了避免被对手在边路获得突破的机会，包括职业球员在内的玩家一般会选择对边后卫下达"进攻时留在后场"的指令，减少或取消边后卫插上助攻。

战术的简化还可能催生所向披靡的"超级战术"。FIFA 21 中虽然提供了 30 种阵型，但职业玩家推荐和高级别玩家常用的只有不到 10 种，只有少数几种阵型能在比赛中取得较好的效果。在 2K 20 梦幻球队模式（与 UT 模式类似）中，篮网队的战术手册一度价格极高，原因就是手册中的"Quick Thru STS"战术堪称无敌。只需要两名球员相互配合，一位从未接触过该款游戏的人也能面对最高级别的电脑对手轻松把球送进篮筐。

游戏中对体育文化的美化，主要体现在排除干扰因素上。比如游戏中的裁判不再是具有感情、存在身体制约的人，而是游戏中特定的系统，这就决定游戏在规则判定上是机械但精准的。再比如显示比赛中可能出现的"手球犯规"、"球场冲突"等消极元素，游戏在设计时就直接将其剔除出去。

虚拟体育电子游戏中往往有相应的机制，为玩家提供"具有挑战性且可完成的任务"。EA 公司（旗下有 FIFA 系列、NFL 系列等多款虚拟体育电子游戏）的 5 位工程师发表的"Difficulty AdjustmentforMaximized Engagement in Digital Games"一文显示，他们开发了 DDA 系统（动态平衡系统）并应用于 EA 旗下的多款游戏中。DDA 系统以玩家的历史表现、游戏时间、充值数据等作为主要参数，能及时调节游戏的难度。

根据对游戏社群的交流内容和本研究对玩家的调查和访谈，"系统局"（可能有 DDA 系统干预的在线对局）一词已经广为流传，并在各个社群中具有相同的意义。"系统局"一般出现在连续多次赢球或输球之后，玩家能明显感觉到游戏中球员的速度、传球射门准确率等属性值得到下降或提升。这无疑会造

· 181 ·

成不公平的现象，是对公平公正的体育精神的违背。

玩家在游玩过程中，对游戏里的信息进行选择性的接触，并选择性地理解，在此过程中还可能产生新的理解与认识，形成全新的虚拟体育文化并产生记忆。这种新的理解与记忆可能是与现实体育文化相背离的，比如前文所述的"刷任务"行为，在现实中违背体育精神和体育道德，但却为大多数玩家认可。

三、虚拟体育电子游戏中的沉浸式体验

（一）沉浸式体验重构体育文化的表现形式

虚拟体育电子游戏中的体育实践，实质是玩家的电子媒介形象在虚拟空间中的行为，玩家的电子媒介形象承载玩家的注意力进入虚拟空间，使玩家注意力沉浸其中，获得沉浸式体验感。美国作家米哈里在励志小说《心流：最优体验心理学》中提出了沉浸的要素，由此可概括出虚拟体育电子游戏中沉浸式体验的表现。

"主体能够全神贯注于该任务"——指情况要求一个人运用相关技巧来应对挑战时，这个人的注意力就会完全投入，达到一种沉浸的状态：当事人全神贯注，一切动作不假思索，几乎完全自动自发。他们的知觉甚至泯灭，人与行动完全合一。虚拟体育电子游戏为玩家创设引人入胜的虚拟体育实践空间，提供相应的挑战，吸引玩家全神贯注地投入其中。比如拥有一定经验的玩家无须紧盯游戏手柄或鼠标键盘，相应的操作手法已经成为下意识的动作，玩家只须观察电子屏幕，就能操纵虚拟任务进行行动。

"主体能深入而毫不牵强地将注意力投入行动之中，日常生活的忧虑沮丧因此一扫而空"——指主体必须全心全意地专注手头的活动，意识没有容纳其他信息的余地。

"充满乐趣的体验使人觉得能自由控制自己的行动"——主要指玩家感觉能够控制潜在的危险，并不担心会失控。此处的"感觉"主要指有办法控制潜在危

险的感觉。游戏建构的虚拟世界具有虚拟和相对独立的特点，玩家几乎无需承担失控的后果，且失控的后果也相对更小。比如在现实中，作为俱乐部教练，决定球队更换战术打法可能会导致球队战绩不佳，从而失去工作。但在游戏中，玩家可以轻松、自由地尝试全新的战术，即使被解雇了也不会有多少损失。

"进入'忘我'的状态，但沉浸体验告一段落后，自我感觉又会变得强烈"——是指主体自我意识消失，与环境和其他实体产生一体感，沉浸体验结束后自我意识回归，主体进行反思达成自我成长。在虚拟体育电子游戏中，玩家在游戏过程中意识逐渐集中，意识首先与游戏手柄等输入设备一体化，继而进入虚拟世界，与虚拟体育实践主体达成一体化，达到"忘我"的状态。在游戏进行到紧张的关键时刻时，游戏玩家有时还会与虚拟体育人物同步动作，比如对方一球领先，比赛行将结束时，本方突然在禁区内获得一个射门机会，一些玩家的腿部也会做出射门动作，与虚拟人物高度一致。游戏结束后，玩家的自我意识回归，此时游戏中的胜负又会强烈作用在玩家心理层面。

（二）沉浸式体验重构体育文化的实现路径

相对于身体运动以外的其他体育参与方式，虚拟体育电子游戏具有较高的沉浸性，相比其他体育参与形式同样具有挑战性，但更加容易完成的任务、更加明确的目标和即时的反馈、更强的控制感、更容易集中精力进入"忘我"的状态以及更加明显的时间感变化，更强的沉浸性往往可以带来更强的快乐感——玩家无须身体运动，动动手指就能完成那些自己在现实中需要千百次练习才能完成的技巧动作。同时，获取这种快乐的时间成本等大幅下降，玩家不需要付出太大努力，就可以体验体育明星的感受。

在沉浸式体验的过程中，玩家的电子媒介形象进入虚拟空间，与虚拟空间中的体育参与者等融为一体，虚拟体育电子游戏中的体育实践参与者和参与群体的"他者"身份进一步弱化，成为虚拟世界中"我"的延伸，这就能够带来较现实中更强烈的情感与价值认同。

沉浸式体验引导玩家深度情感代入，影响玩家对文化现象编码、解码的过程，其对体育文化的异化主要体现在庆祝姿势上。庆祝姿势是进球后运动员喜悦心情的延伸，一般都具有积极意义。在达成一定的目标后，体育实践参与者往往会通过身体动作这一非语言符号表达内心的感情，这在各类体育实践形式中普遍存在，只有少数具有挑衅意味的庆祝动作才会引起负面影响。特别是在体育赛事中，运动员的庆祝动作可能具有表达心愿、寄托哀思、互动观众等多元内涵。

在虚拟体育电子游戏中，玩家的沉浸式体验使个人意识与游戏中的虚拟载体深度融合，导致玩家个人情感代入到游戏中的虚拟载体上，即对手庆祝动作的作用对象可能从现实中"我支持的球队"转变为"我"，作为作用对象的"我"在对对手行为进行解码过程中难免融入更多的主观判断和情感因素，庆祝动作中挑衅、示威、嘲讽的成分被放大了。虚拟体育电子游戏沉浸式体验的特性影响了玩家对于庆祝动作的编码、解码，庆祝动作在游戏中的意义发生了改变。

沉浸式体验能带动玩家情感的转变。现实中的体育明星文化，主要是由于体育运动员具备良好的身体天赋，在赛场上展现出了超人的体育竞技能力或在场下积极践行体育精神，体育爱好者对其产生偶像崇拜的行为。而在游戏中，体育明星褪去偶像的光环，成为每位玩家都可以拥有、使用的"我"的队员。在此基础上，玩家对体育参与者的评价标准就转向数据是否优秀、使用体验是否顺畅、是否为"我"带来了胜利。玩家对于体育明星的感情也从现实中的崇拜与追捧变为了对"我"的球员的喜爱与认可。比如某位 *FIFA 21* 玩家在游戏社群中发言："特莱斯我从 *FM 20* 一路用到 *FIFA*，就跟亲儿子一样疼。"一些玩家将游戏中的球员视为寄托个人情感的"个人所有物"，形成全新的"虚拟体育明星文化"。

参 考 文 献

[1] 刘海山，昝登良，陈辉.体育消费视域下的体育产业发展研究[M].长春：吉林大学出版社，2023.

[2] 董跃春.现代休闲体育运动与产业发展研究[M].北京：北京工业大学出版社，2023.

[3] 邹巍.休闲体育理论透析及其产业化发展与运作研究[M].长春：吉林出版集团股份有限公司，2023.

[4] 柳伟.体育产业理论与实践探索[M].北京：中华工商联合出版社，2023.

[5] 郑夏萱.体育产业管理与心理学融合发展[M].北京：化学工业出版社，2023.

[6] 杨锋.新常态下体育产业与养老产业的融合发展研究[M].北京：人民体育出版社，2023.

[7] 彭涛，吴昶.数字化转型背景下虚拟体育的发展、突破及展望[J].文体用品与科技，2023（23）：172-174.

[8] 潘若恬.主流媒体在电子竞技体育产业发展中的作用研究[J].文体用品与科技，2023（9）：70-72.

[9] 严星鑫.体育产业背景下电子竞技职业化构建及发展[J].拳击与格斗，2023（14）：71-73.

[10] 赵天羽，赵天翼.我国电子竞技历史沿革及发展问题审视研究[J].当代体育科技，2023（20）：165-170.

[11] 李浩宇，郝龙，王安洪．我国电子竞技运动的现实审视与发展对策［J］．文体用品与科技，2023（22）：128-130．

[12] 彭苏建．电子竞技运动发展的体育伦理建构研究［J］．文体用品与科技，2023（15）：184-186．

[13] 边加斌．中国电子竞技体育发展现状及对策研究［J］．文体用品与科技，2023（12）：193-195．

[14] 林宇，周慧．体育产业融合发展与品牌战略研究［M］．长春：吉林人民出版社，2022．

[15] 魏秀芳．新时代背景下我国体育产业市场体系的建设与发展研究［M］．北京：中国商业出版社，2022．

[16] 王桂桂，徐娅妮．体育产业的多元化发展［M］．长春：吉林出版集团股份有限公司，2022．

[17] 王立诺．全民健身时代体育产业发展研究［M］．北京：中国财政经济出版社，2022．

[18] 张永垛．体育产业人才培养的模式发展研究［M］．长春：吉林出版集团股份有限公司，2022．

[19] 乔长泽．体育产业运行及其管理体系探索［M］．长春：吉林出版集团股份有限公司，2022．

[20] 王先亮．体育产业高质量发展动力研究［M］．北京：人民出版社，2022．

[21] 赵瑜佩，林仲轩．中国电子竞技产业文化概论［M］．杭州：浙江大学出版社，2022．

[22] 王伦国．现代视角下的体育经济发展研究［M］．长春：吉林人民出版社，2022．

[23] 王涛．我国电子竞技产业发展探究［J］．对外经贸，2022（3）：60-62．